Christian Meier

Das Gebot zu vergessen und die Unabweisbarkeit des Erinnerns

Christian Meier

Das Gebot zu vergessen und die Unabweisbarkeit des Erinnerns

VOM ÖFFENTLICHEN UMGANG MIT SCHLIMMER VERGANGENHEIT

Siedler

Der erste Teil des Buchs basiert auf dem Aufsatz
»Erinnern – Verdrängen – Vergessen«, erstmals veröffentlicht in:
Berlin-Brandenburgische Akademie der Wissenschaften (Hg.): Berichte und Abhandlungen, Bd. 3. Berlin: Akademie Verlag 1997, S. 59 – 99.

FSC
Mix
Produktgruppe aus vorbildlich bewirtschafteten Wäldern und anderen kontrollierten Herkünften
Zert.-Nr. SGS-COC-001940
www.fsc.org
© 1996 Forest Stewardship Council

Verlagsgruppe Random House FSC-DEU-0100
Das für dieses Buch verwendete FSC-zertifizierte Papier
Munken Premium Cream liefert
Artic Paper Munkedals AB, Schweden

Erste Auflage

Umschlaggestaltung: Rothfos + Gabler, Hamburg
Lektorat und Satz: Ditta Ahmadi, Berlin
Druck und Bindung: GGP Media GmbH, Pößneck
Printed in Germany 2010
ISBN 978-3-88680-949-3

www.siedler-verlag.de

Inhalt

I.
ERINNERN – VERDRÄNGEN – VERGESSEN

1. Ein auffälliger Befund

»Die Erinnerung darf nicht enden; sie muß auch künftige Generationen zur Wachsamkeit mahnen« – so heißt es in der Proklamation, durch die Bundespräsident Herzog zu Anfang des Jahres 1996 den 27. Januar zum »Tag des Gedenkens an die Opfer des Nationalsozialismus« erklärt hat. »Wer sich der Unmenschlichkeit nicht erinnern will, der wird wieder anfällig für neue Ansteckungsgefahren«, hatte Richard von Weizsäcker in seiner Rede zum 8. Mai 1985 gesagt. Zwei Zitate aus einer unendlich langen Reihe: Ohne Erinnerung an die beispiellosen Untaten des nationalsozialistischen Deutschlands, so die weit verbreitete Überzeugung unserer Tage, besteht die Gefahr der Wiederholung.

Ganz anders liest man es im ersten Artikel eines Vertrags aus dem Jahr 851. Dort bekunden die Parteien ihre Absicht, »daß aller vergangenen Übel« – und nun folgt eine Aufzählung verschiedener Arten von Schädigungen und Betrügereien – »eine Tilgung *(abolitio)* geschehe, zwischen uns und bei uns, und daß all dies aus unsern Herzen gründlich herausgerissen werde mitsamt aller Bosheit und allem Groll – derart, daß künftig nichts davon ins Gedächtnis, nämlich daß es nicht zur Vergeltung des Übels«, der Widerwärtigkeiten etc. komme.

Einmal soll Erinnerung also der Wiederholung des Schlimmen vorbeugen, das andere Mal will man die Erinnerung geradezu aus den Herzen reißen, weil man befürchtet, daß sie das Schlimme neuerdings erzeuge.

Sieht man sich sonst in der Geschichte um, so findet man (falls ich nicht an lauter falschen Stellen gesucht haben sollte) zumindest in aller Regel Zeugnisse für das letztere: Immer wieder wird beschlossen, vereinbart, eingeschärft, daß Vergessen sein soll, Vergessen von vielerlei Unrecht, Grausamkeit, Schlimmem aller Art. So in einer langen Reihe von Friedensverträgen. Noch anläßlich des Türkischen Friedens von Lausanne 1923 wird ein Amnestieabkommen geschlossen, dessen Präambel den Wunsch ausdrückt, Vergessen *(oubli)* über die »Ereignisse, die den Frieden im Orient gestört haben«, zu breiten.

Entsprechend urteilt Cicero in einer Rede, die er zwei Tage nach Caesars Ermordung, also am 17. März 44 v. Chr., im römischen Senat hält: *omnem memoriam discordiarum oblivione sempiterna delendam:* alle Erinnerung an die Zwieträchtigkeiten sei durch ewiges Vergessen zu tilgen. Auf diese Weise will er die »Fundamente des Friedens« legen und das Beispiel befolgen, das die Athener 403 v. Chr. mit ihrer berühmten Amnestie gegeben haben. Damals war es um die Beendigung eines Bürgerkriegs gegangen. Diesmal droht ein Bürgerkrieg neu auszubrechen. Den Griechen wird auch jenes Wort verdankt, das ursprünglich einfach »Nicht-Erinnern« heißt: Amnestie. Es begegnet in diesem Sinne freilich erst seit dem 2. Jahrhundert v. Chr.

Nahezu 2000 Jahre später sollte Churchill in seiner berühmten Zürcher Rede am 19. September 1946 zu einem *blessed act of oblivion* zwischen den Feinden von gestern aufrufen, einem segensreichen Akt des Vergessens. Zuvor freilich müßten die *crimes and massacres*, für die es seit den Mongoleneinfällen des 14. Jahrhunderts keine Parallele gegeben habe, geahndet werden. Direkt oder indirekt greift er auf Cicero zurück.

1814 wird das gleiche für die Untaten und Greuel der Französischen Revolution, auch für den Königsmord gefordert. Der aus dem Exil zurückkehrende französische König, Ludwig XVIII., erklärt in der Präambel der *Charte Constitutionelle*, der von ihm gewährten Verfassung: »Indem Wir so versucht haben, die Kette der Zeiten neu zu knüpfen, welche unheilvolle Abweichungen« – so umschreibt er Revolution und Empire – »unterbrochen hatten, haben Wir aus Unserer Erinnerung sämtliche Übel, welche während Unserer Abwesenheit die Heimat bedrückten, ebenso getilgt wie Wir wollten, daß man sie aus der Geschichte tilgen könnte«. Anschließend verfügt der König in Artikel 11: »Sämtliche Nachforschungen über Meinungsäußerungen und Abstimmungen vor der Restauration sind verboten *(interdits)*. Dasselbe Vergessen wird den Gerichten und den Bürgern auferlegt«. Wo sonst zumeist die beiden vertragschließenden Parteien sich Vergessen konzedieren, tut es hier der Sieger einseitig, obwohl er Grund genug zur Bestrafung zum Beispiel der Königsmörder gehabt hätte.

Der Wunsch, Vergessen zu stiften, ist keineswegs auf Europa beschränkt. Bei den vorislamischen Arabern scheint er vorzukommen. Auch das »Begraben des Kriegsbeils« bei den Indianern (man darf es nicht einfach wegwerfen, sonst könnte es wiedergefunden werden!) gehört hierher. 1743 bieten die Irokesen dem Staat Virginia an, »diese Angelegenheit im Grunde zu begraben, daß sie nicht wieder gesehen noch davon gehört werden kann, solange die Welt steht«. Aber man findet Beispiele auch in Asien.

Was alles, könnte man aus unsern Tagen hinzufügen, wäre Millionen Menschen, ja Europa und der Welt erspart geblieben, wenn die Serben die Schlacht auf dem Amselfeld und die Türkenherrschaft vergessen (oder jedenfalls nicht so verdammt lebendig erinnert) hätten – um von kurzfristigeren Erinnerungen an das, was im 20. Jahrhundert zwischen Serben und Kroaten geschah, zu schweigen.

Genug der Beispiele, fürs erste. Gegenbeispiele habe ich nur in der Geschichte der Juden gefunden, unter denen vom Deuteronomion bis in unsere Tage ständig und intensiv das Gebot der Erinnerung eingeschärft worden ist. »Hüte dich, daß du nicht des Herrn vergessest, der Dich aus Ägyptenland, aus dem Diensthaus geführt hat.« Aber auch das Schlimme soll erinnert werden, sowohl das erlittene – »Gedenke, was dir die Amalekiter taten auf dem Wege, da ihr aus Ägypten zoget« – wie das selbst angerichtete: »Gedenke und vergiß nicht, wie du den Herrn, Deinen Gott, erzürntest in der Wüste!«

Eindringlich wird gemahnt: »Denk an die Tage der Vergangenheit«, »... frage deinen Vater, der wird dir's verkündigen, deine Ältesten, die werden dir's sagen.« 169mal begegnet das Wort *zachar* (erinnern) in seinen verschiedenen Formen in der Bibel. Erinnerung gehört zum Inhalt fast aller großen Feste, auf denen sie nicht nur in der Gemeinde, sondern auch am Familientisch stets neu gehegt und weitergegeben wird. »Das Vergessenwollen verlängert das Exil, und das Geheimnis der Erlösung heißt Erinnerung«, sagt jüdische Weisheit. »Nur in Israel, nirgends sonst, empfindet ein ganzes Volk die Aufforderung, sich zu erinnern, als religiösen Imperativ.« Das Gedächtnisvolk par excellence hat Jacques Le Goff die Juden genannt. Elie Wiesel stellt fest: To be a Jew is to remember.

Dabei steht die Erinnerung an Jahwes Verheißung, an das Geschenk des Landes, das er den Juden gemacht, an den Bund, den er mit ihnen geschlossen hat, im Vordergrund. Die Erinnerung an das Schlimme, das in Mißachtung der göttlichen Gebote selbstgetane und das erlittene (wenn Jahwes Zorn sie traf), bleibt eingefangen in seiner Verheißung – bis Auschwitz alle jüdische Erinnerung vor kaum (oder nicht mehr) lösbare Aufgaben stellt.

Nach Auschwitz ist es aber auch, daß die Erinnerung der Menschheit allem Vergessen der unermeßlichen Untaten widerstreitet. Die Frage ist, ob damit zugleich für andere Fälle ein neues Verhältnis zwischen Erinnern und Vergessen gestiftet ist. Ist die unabweisbare Erinnerung an Auschwitz also die Ausnahme von der Regel der Weltgeschichte? Oder begründet sie eine neue Regel? So daß das Gebot des Vergessens obsolet wird?

2. Öffentlicher Umgang mit schlimmer Vergangenheit

Erinnern – Verdrängen – Vergessen: Wenn man die Frage so stellt, ist klar, daß es sich um Erinnerung an Schlimmes handelt, sonst bräuchte es ja kein Verdrängen. Schlimmes – dieses Wort soll hier und im folgenden ganz formal gebraucht werden: das heißt unabhängig vom absoluten Ausmaß und der Qualität dessen, was jeweils angerichtet worden ist. Die willkürliche Tötung einiger hundert Griechen soll also ebenso darunter fallen wie der weitgehend fabrikmäßige Mord an 6 Millionen Juden im Zweiten Weltkrieg. Wichtig ist nur, daß es um den Umgang mit sehr störender, zu schaffen machender Erinnerung gehen soll, und zwar für Gemeinwesen. Die Frage ist, wie die damit fertig werden.

Als Gegenstand solch störender Erinnerung kommen vielerlei Untaten, Verbrechen, Vertreibungen, Morde in Frage, wie sie vor allem Krieg und Bürgerkrieg immer wieder mit sich bringen. Oft genug für beide Seiten, wenn auch auf verschiedene Weise. Daraus erwachsen speziell dann besondere Probleme, wenn sich Völker oder Bürgerkriegsparteien wieder vertragen und ihr Zusammenleben sichern wollen. Denn die Erinnerung an Schlimmes erzeugt gern den Drang zur Rache; was zugleich heißen kann: zu Gerechtigkeit, einer Gerechtigkeit freilich, die allzu leicht auf parteiliche Weise gesucht wird, so daß das Bedürfnis nach Widerrache entsteht.

Die Dinge können sich jedenfalls auf die Alternative Gerechtigkeit oder Frieden (sei es äußerer, sei es innerer Frieden, eventuell auch: Desintegration oder Integration) zuspitzen.

Wo dem nicht so ist, wo der Friede als gesichert erscheint und keine Rache droht, bleiben andere Probleme. Wenn Gemeinwesen respektive Gesellschaften durch solche Vergangenheiten stark belastet werden, kann dadurch ihre kollektive Ehre, man spricht heute gern von Identität, tangiert sein (und zusammen mit andern Gründen die Neigung zur Verdrängung schlimmer Vergangenheit stark machen; Verdrängung übrigens nicht im psychopathologischen Sinn genommen). Selbstverständlich stellen sich ähnliche Probleme mit der Vergangenheit zugleich vielen Einzelnen.

Und es gibt, bei allen möglichen Unterschieden zwischen den Individuen, zeit-, gesellschafts- und auch gruppentypische Weisen von Erinnern, Verdrängen, Vergessen. Das gleiche gilt für das Bewußtsein, daß man – gegebenenfalls – zu haften hat, daß man verantwortlich ist für Geschehenes. Man hat ferner zu unterscheiden zwischen den gleichsam normalen, eventuell routinisierten, auch ritualisierten Formen des Fertigwerdens mit schlimmer Vergangenheit im Alltag, der Entsühnung etwa, und den eher ausnahmsartigen, die bei herausragenden Formen des Schlimmen besondere Schwierigkeiten bieten mögen.

Da politische Einheiten nicht allein auf der Welt sind, kann der öffentliche Umgang, den sie mit schlimmer Vergangenheit pflegen, eingebettet sein in größere Zusammenhänge. Verbreitete, mächtige Meinungen in der Welt oder in Teilen der Welt können sich dabei geltend machen und virulent werden.

Wie also gehen Gesellschaften mit schlimmer Vergangenheit um? Wie *können* sie damit umgehen? Die Frage drängt sich besonders im Deutschland der Nachkriegszeit auf. Sie scheint nicht unbedingt gerade die Historiker zu beschäftigen. Das hat sich beispielhaft im Historikerstreit von 1986/88 gezeigt. Da ging es zum einen um historische Wertungen oder Einordnungen des Mordes an den Juden, zum andern um moralische Forderungen. Das ganze Gebiet dazwischen, die Realität der Erinnerung und der Bereich der realen Möglichkeiten, in dem sie sich zu bewegen hat (und in dem sie viel oder wenig ist), blieb unerörtert. Mehrfach ging es um den Vergleich mit den stalinistischen Verbrechen, der dann freilich auch nicht richtig ausgeführt wurde. Und es wurde auch nicht gefragt, wie es sich sonst in der Geschichte mit diesen Problemen verhielt.

So ist es nicht einfach, das Problem Erinnern – Verdrängen – Vergessen für frühere Zeiten zu behandeln. Denn wichtigstes Material, so vermute ich, schlummert noch ungehoben in den Quellen. Selbst wo historische Darstellungen auf Einzelnes eingehen, versäumen ihre Autoren zumeist, es im Register zu berücksichtigen. Meine Erörterung steht also unter dem Vorbehalt, daß ich vieles, was das Bild variiert oder gar verändert hätte, übersehen haben könnte. Doch als Einstieg mag sie ihr Recht haben.

3. Die Griechen

Beschlüsse, an das Schlimme nicht zu erinnern. Die athenische Amnestie von 404/3 v. Chr.

Hier wäre zuvörderst ein sehr merkwürdiges Zeugnis zu besprechen. Herodot berichtet, Phrynichos, der bedeutendste Tragiker der Zeit, habe die Einnahme (und Zerstörung) Milets zum Gegenstand einer Tragödie gemacht. Die glänzendste, reichste unter den griechischen Städten an der Ostküste der Ägäis war das Zentrum eines Aufstands gegen die dort herrschenden Perser gewesen. Es war erobert und zerstört worden, 494 v. Chr; ein Ereignis, das unter den Griechen tiefe Erschütterung auslöste. Die Athener hatten den Aufstand anfangs unterstützt; sie betrachteten zudem Milet und andere Städte der Gegend als ihre Kolonien.

Die Aufführung der Tragödie nun, die wenige Jahre darauf in Athen erfolgte, hat nach Herodot das Theater, also beachtliche Teile der Bürgerschaft, in Tränen versetzt. Der Dichter wurde daraufhin zu einer hohen Geldstrafe verurteilt, die Wiederaufführung des Stücks (die sonst in den kleinen Theatern auf dem Land wohl möglich gewesen wäre) wurde verboten. Begründung: Er habe an »häusliches Schlimmes – anders übersetzt: an häusliches Unheil – erinnert«: *hōs anamnḗsanta oikeía kaká* (6,21,2).

Das Verbot stellt ein schönes Zeugnis nicht nur für die mögliche Wirkung der Tragödie dar, sondern auch für das Bemühen, die Öffentlichkeit von starken emotionalen Erschütterungen freizuhalten. In ähnliche Richtung weisen gesetzliche Einschränkungen der Klagegesänge für Verstorbene. Offenbar war das Ausbrechen heftiger Leidenschaft in diesen Städten gefährlich, in denen alles dicht aufeinanderlebte, die Volksversammlung unüberlegte Beschlüsse fassen konnte, wo alle politischen Funktionsträger und Organe tief in das Leben der Stadt eingebettet waren. In einer tieferen Schicht könnte auch die deutliche Abgrenzung und Unterscheidung zwischen Männlichkeit und Weiblichkeit tangiert gewesen sein; für Männer gehörte sich – in der nachhomerischen Zeit – das Klagen und Weinen nicht. Da scheint man bestimmte Disziplinierungen gebraucht zu haben.

Indes konnte man die Zerstörung Milets nicht aus der politischen Debatte ausschließen. Immerhin waren Konsequenzen aus dem Scheitern des Aufstands zu ziehen. Aber vermutlich befürchtete man gerade deswegen jedes Zuviel, vor allem jede Aufpeitschung der Emotionen durch Klagen, wie die Tragödie sie reichlich enthalten haben muß; vielleicht auch das Gegenteil: die allgemeine Depression. In andern Fällen mochte die Erinnerung an häusliches Schlimmes ihren Sinn darin haben, den Drang zur

Rache wachzuhalten oder neu zu beleben. Hier dagegen war angesichts der persischen Übermacht eher Vorsicht am Platz; eben daher war die tragische Klage so problematisch.

Nebenbei gesagt wird die Tragödie auch an die Hybris erinnert haben, aus der der Aufstand hervorgegangen war, durch die sein schlimmes Ende erklärlich wurde – und an der auch Athen seinen Teil hatte. Denn zu der Gattung gehörte es, daß die Strafe niemals einfach Unschuldige trifft. So wollte man damals wohl auch Kritik an eigenen unheilvollen Entscheidungen unterdrükken. Herodot nennt die attische Unterstützung des Aufstands später »den Anfang des Unheils zwischen Griechen und Barbaren« *(archḗ kakôn.* 5,97,3. *Kaká* ist das Wort, das hier verschiedentlich wiederkehrt und das ich normalerweise mit »Schlimmes« übersetze).

Man muß sich fragen, ob der Beschluß des athenischen Rats gegen das »Erinnern an Schlimmes« an eine schon ältere Tradition des gemeinsamen Beschweigens unangenehmer, störender Fakten in der Öffentlichkeit, also des »Vergessens« hat anknüpfen können.

Jedenfalls finden wir einige Jahrzehnte später die beiden Wörter, die den Vorwurf gegen Phrynichos bezeichnen, *anamimnḗskein kaká*, Erinnern an Schlimmes, zu einem einzigen vereint, das zu einem *terminus technicus* wird: *mnēsikakeîn:* (andere oder sich) an Schlimmes erinnern.

Das Wort begegnet in aller Regel in verneinter Form. Dabei geht es durchaus auch darum, Hinweise auf mißliche Tatbestände auszuschließen. *Síga, mē mnḗsikakēsēs,* heißt es etwa einmal bei Aristophanes: Schweig, rühr nicht das Schlimme auf (wörtlich: Erinnere nicht das Schlimme)! Wenn die Wendung, wie zu vermuten, karikierend aus dem politischen Leben der Zeit in den komischen Zusammenhang übernommen worden ist, könnte das darauf hindeuten, daß man damals im kriegführenden, schweren Bedrängnissen ausgesetzten Athen »Schwarzmalerei«, »Defaitismus« als *mnēsikakeîn* bezeichnete.

Vornehmlich aber soll die Aufforderung, soll der Beschluß, nicht an Schlimmes zu erinnern, persönliche oder parteiliche Rache verhindern. Denn die Konsequenzen des Erinnerns, vom Klagen und Nachtragendsein bis zu Versuchen, Gegner direkt zu verfolgen, sei es vor Gericht, sei es in unmittelbarem, meist blutigem Zugriff, sind in der Wortbedeutung eingeschlossen. Die Wendung *mē mnēsikakeîn* wird zur Formel für das, wofür später das Wort »Amnestia« (Nicht-Erinnerung) benutzt werden kann (und was keineswegs einfach mit unseren Amnestien gleichzusetzen ist).

Seit dem letzten Viertel des 5. Jahrhunderts sind Beschlüsse, »nicht an Schlimmes zu erinnern«, greifbar, und zwar fast gleichzeitig in Verträgen zwischen Gemeinwesen (erstmals 422) und in Abmachungen zwischen verfeindeten Gruppen innerhalb von Bürgerschaften (erstmals 424). Da die Beilegung innerer Streitigkeiten sehr viel schwieriger war als die Beendigung von Kriegen, da zudem das Zusammenleben in den Städten viel problematischer war als das zwischen ihnen, sollte man vermuten, daß man sich darüber weit mehr den Kopf zerbrochen hat, daß also jene Beschlüsse dort ihren Ausgangspunkt haben. In der Folgezeit wird den Beschlüssen, »nicht an Schlimmes zu erinnern«, gelegentlich die Formel beigefügt, keiner solle getötet oder vertrieben werden.

424 hatten die Bürger von Megara beschlossen, einer ganzen Gruppe von Verbannten die Rückkehr zu gestatten. Sie waren im Begriff, im großen Krieg zwischen Sparta und Athen die Seite zu wechseln. Eine Reihe von Freunden Athens hatte die Stadt verlassen. Jetzt verhandelten die Zurückgebliebenen mit Verbannten oder Flüchtlingen, im wesentlichen Gegnern Athens, über deren Rückkehr und ließen sich von ihnen »heilige Eide schwören,

nichts Schlimmes zu erinnern und in allen Beschlüssen auf das Wohl der Stadt bedacht zu sein«. Die freilich hielten sich nicht an den Eid und nötigten, als sie wieder in den Besitz von Ämtern gelangt waren, die Volksversammlung, etwa hundert Gegner zum Tode zu verurteilen, die sodann hingerichtet wurden. Sie setzten mithin, wie Thukydides bemerkt, die *stasis*, also den Bürgerkrieg, fort. »Sehr wenige« bewirkten auf diese Weise eine Veränderung. Sie richteten eine strenge Oligarchie ein, die lange gedauert habe.

In der Folgezeit ist eine ganze Reihe von Beschlüssen, nicht an Schlimmes zu erinnern, bezeugt. Während des Peloponnesischen Krieges, aber auch später, bedeuteten sie oft nicht mehr als Waffenstillstände. Thukydides schreibt: »Eidliche Abmachungen zur Versöhnung, in der Not einander geleistet, galten für den Augenblick, wenn beide Seiten sich anders nicht zu helfen wußten.« Bei nächster Gelegenheit wurden sie gebrochen, wobei der, der als erster wieder Mut faßte, im Vorteil war (3,82,7).

Am besten bekannt und überraschend erfolgreich ist derjenige Beschluß gewesen, den die Athener Ende des 5. Jahrhunderts nach blutigem Gewaltregime und Bürgerkrieg faßten. Er stellte für die Zukunft ein leuchtendes Vorbild dar. Auf ihn hat sich Cicero 44 v. Chr. berufen.

Nach der militärischen Niederlage im Peloponnesischen Krieg (404) hatte ein kleiner Kreis von »dreißig Tyrannen«, gestützt auf den spartanischen, den feindlichen Feldherrn, die Herrschaft in Athen an sich gerissen und eine große Zahl von Bürgern sowie reichen, in Athen ansässigen Nichtbürgern ermordet; in den Quellen heißt es, es seien 2500 insgesamt, darunter 1500 Bürger gewesen; bei damals etwa 30 000 Bürgern also fünf Prozent. Es sind, selbst wenn sie etwas übertrieben sind, vergleichsweise riesige Zahlen. In der Phase der Terreur in Paris 1793/94 hat sich die Zahl der Hinrichtungen auf ungefähr 2600 belaufen.

Die Opfer waren vornehmlich Männer, die in der Demokratie eine Rolle gespielt hatten, unter anderm sogenannte Sykophanten; das waren Leute, die sich darauf kapriziert hatten, andere, vorzugsweise reiche Bürger vor Gericht anzuklagen. Man kannte keinen Staatsanwalt. Mehrere Arten von Strafverfahren konnten, wenn es die Betroffenen nicht taten, von jedem andern Bürger angestrengt werden. Solche Ankläger hatten eine wichtige Funktion. Aber nicht wenige von ihnen nutzten die Chance, Gegner auf diese Weise zu bekämpfen; oder Geld zu machen, zum Beispiel durch Erpressung. Die Praktiken der Sykophanten waren weithin verhaßt. Jetzt suchten sich die Oligarchen nicht zuletzt an ihnen zu rächen. Andererseits verfolgten sie mit der Zeit zunehmend auch Männer, an deren Vermögen sie sich bereichern wollten. Mit perfidem Geschick haben die Dreißig darauf geachtet, möglichst viele der Athener, die in der Stadt geblieben waren, als Handlanger an ihren Untaten zu beteiligen. Wer angezeigt worden war, konnte unter der Bedingung begnadigt werden, daß er andere anzeigte. Aber auch für die Vorladungen zog man gerne irgendwelche Bürger heran, um sie zu Spießgesellen zu machen. Die politischen Bürgerrechte selbst waren auf 3000 Männer, also ein Zehntel der athenischen Bürgerschaft beschränkt worden.

Zahlreiche Anhänger der alten Demokratie waren geflohen. Die meisten sammelten sich bald unter Führung des Thrasybul. Sie fielen in Attika ein, eroberten den Piräus und besiegten schließlich die Tyrannen. Die Dreißig hatten zuletzt noch die Spartaner zur Hilfe gerufen, waren von denen aber kaum unterstützt worden. Der Spartanerkönig Pausanias hatte vielmehr auf Ausgleich gedrängt.

Die Versöhnung geschah aufgrund eines Vertrags, der unter anderm die Rückkehr der Demokraten in die Stadt vorsah. Er gestattete Anklagen gegen diejenigen, die mit eigener Hand jemanden getötet oder verletzt hatten. Abgesehen davon aber sei es »keinem der Rückkehrer gestattet, gegen keinen das Schlimme zu erinnern außer gegen die Dreißig selbst« und wenige andere Amtsträger. So heißt es in der dem Aristoteles zugeschriebenen Schrift »Athenaíōn Politeía« (39,6).

Die Scheidung zwischen wenigen Schuldigen und dem Gros sollte auch im folgenden immer wieder wesentliche Voraussetzung für Nicht-Erinnern und Amnestie sein. Die Hauptschuldigen dürfen nicht ungestraft bleiben. Sie sind gefährlich. Irgendwohin muß sich auch der Zorn ausleben, irgendwo der Gerechtigkeit, zumeist: der Rache ihr Recht werden. Das Gros dagegen (das dadurch zugleich eine Art Alibi erhält, einen Ausweg in Richtung Distanzierung) muß um des Friedens willen verschont bleiben. So wird ein Ausgleich zwischen Gerechtigkeit und Frieden möglich.

Das »Nicht-Erinnern« mußte durch Eide bekräftigt werden, wahrscheinlich durch mehrere. Zunächst mußten es die Demokraten vor der Rückkehr beeiden. Gleich anschließend hatten alle Bürger gemeinsam den gleichen Eid zu schwören (man weiß nicht, in welcher Form). Möglicherweise wurde der Eid noch einmal wiederholt, als die Oligarchen, denen zunächst ein eigenes Gemeinwesen auf attischem Boden zugestanden worden war, zurückkehrten. Jedenfalls hatten ihn künftig (wir wissen nicht wie lange) Jahr für Jahr der Rat abzulegen und ähnlich auch die Richter der Geschworenengerichte. Der Redner Andokides formuliert, es sei für richtig erkannt worden, »das Geschehene auf sich beruhen zu lassen« (1,81). Man habe die Rettung der Stadt weit über das Bedürfnis nach privater Rache gestellt.

Die führenden Männer des Gewaltregimes sollten ebenfalls von Anklagen verschont sein, wenn sie Rechenschaft ablegten. In unsern Tagen sollte eine ähnliche Bestimmung für die Arbeit der südafrikanischen Wahrheitskommission gelten.

Zu »Amnestien« in der bei uns vorherrschenden Bedeutung des Wortes, genauer gesagt: zum Erlaß bestimmter Strafen (einmal auch zum Verzicht auf Verfolgung derer, die sie eventuell verhängt bekommen hätten) war es in Athen schon vorher – das erste Mal, wenn den Quellen zu trauen ist, zu Beginn des 6. Jahrhunderts – gekommen, meistens angesichts auswärtiger Gefahren. Einmal wird übrigens ausdrücklich und unter Strafandrohung verfügt, daß alle Inschriften und Kopien, auf denen diese Strafen verzeichnet sind, zu vernichten seien, »damit unter den Athenern Vertrauen sei, jetzt und künftig«. Jeweils kommt der Straferlaß mehreren Einzelnen zugute, die den inneren Frieden (und den Zusammenhalt) des Gemeinwesens nicht oder nicht mehr bedrohen und von denen anzunehmen ist, daß sie sich der Gesamtheit ohne nennenswerte Komplikationen wieder einfügen. Parteiungen, aufgrund derer sie (zu Recht oder Unrecht) verurteilt worden waren, waren nicht mehr aktuell.

Durch das *mē mnēsikakeîn* dagegen sollte jede Art der Verfolgung politischer Verbrechen (von den Haupttätern eventuell abgesehen) von vornherein ausgeschlossen werden. Es hatte zur Voraussetzung, daß schwere Auseinandersetzungen zwischen Angehörigen verfeindeter Gruppen drohten, die sehr wohl den inneren Frieden des Gemeinwesens erheblich hätten beeinträchtigen können. Denn dazu mußte es kommen, wenn etwa vielerlei Anklagen vor Gericht, Bestrafungen oder gar Akte offener Rache statthatten; wenn die Leidenschaften aufgeputscht wurden, auch die der Richter – allesamt Geschworener, die zwar an einen Eid gebunden, aber doch gegen Parteilichkeit nicht unbedingt gefeit waren.

Potentiell brisante Gegensätze sollten also zumindest entschärft und am neuerlichen Ausbruch gehindert werden. Auch wenn unter Umständen ganze Bürgerschaften sich verpflichteten, war es nicht so sehr das Gemeinwesen, das auf die Verhängung von Strafen, wie zumal eine Bürgerkriegspartei, die siegreiche nämlich, die auf Anklage und das heißt: Rache verzichten sollte. Was dabei passieren mochte, war seit langem ins allgemeine Bewußtsein eingelagert. Wenn sich ganze Gruppen an erfahrenes Unrecht tätig erinnerten – der Begriff der tätigen Erinnerung stammt von Peter Bender –, konnte das den Nerv des Gemeinwesens treffen, an dessen Wohl, wie es im eben zitierten Fall der Stadt Megara ausdrücklich hieß, zum Beispiel die rückkehrenden Emigranten sich orientieren sollten.

Dort hatte die Bürgerschaft Angst vor den Rückkehrern. Sie rechnete angesichts der äußeren Umstände während des großen Krieges damit, daß diese sich nicht einfach einfügten, sondern mächtig genug wären, Rache zu üben. Diese selbst hatten offenbar nichts zu befürchten, so daß der Eid einseitig bleiben (und sofort gebrochen werden) konnte.

In Athen, wo ihn schließlich alle leisten mußten, gleichgültig auf welcher Seite sie gestanden hatten, war es natürlich ebenfalls vordringlich, daß die Sieger auf Rache verzichteten (zu der sie wahrhaft Grund genug gehabt hätten). Wenn zugleich die Besiegten nicht an das Schlimme erinnern durften, so mag es sein, daß man auch dieses oder jenes Verbrechen der siegreichen Seite von Verfolgung ausschließen wollte. Ferner sollten die Oligarchen vermutlich nicht als die einzigen Vergessensbedürftigen, also Schuldigen, dastehen. Auch wäre es allemal schwierig gewesen – unvergleichlich schwieriger als bei einer Gruppe Verbannter wie in Megara –, den Kreis derer, die vergessen sollten, abzugrenzen. Doch ist keineswegs ausgeschlossen, daß dieser Akt vor allem dazu bestimmt war, die neubegründete Einheit der attischen Bürgerschaft zu manifestieren. Was geschehen war, sollte hinter ihnen liegen. Jetzt galt es, gemeinsam und unbelastet die gegenwärtigen und künftigen Geschäfte des Gemeinwesens einträchtig zu besorgen.

Was genau in concreto mit dem *mē mnēsikakeîn* gemeint war und wie dessen Einhaltung gesichert wurde, ist nicht leicht auszumachen. Offensichtlich ging es zumindest darum, daß – abgesehen von den genannten Ausnahmen – gegen keinen eine Anklage wegen der Beteiligung an den Gewalttaten der Dreißig erhoben werden durfte. Das heißt zugleich, daß es Gerichtsvorsitzenden nicht erlaubt war, solche Anklagen anzunehmen. Wenn der Eid wirksam sein sollte, durfte es darüber keine Zweifel geben. In der Überlieferung finden wir indes eine Reihe von Anklagen, von denen nicht anzunehmen ist, daß sie aufgrund des Beeideten zulässig waren. Denunzianten werden etwa der Beihilfe zum Mord bezichtigt, oder es wird jemandem, der auf Befehl der Dreißig eine Verhaftung vorgenommen hatte, Mord vorgeworfen, weil er sich diesem Befehl hätte entziehen können. Einer der Denunzianten wurde jedenfalls zum Tode verurteilt und hingerichtet. Sonst hören wir nichts vom Ausgang der Prozesse. Aber auch in den sogenannten Dokimasie-Verfahren, in denen designierte Amtsträger oder Ratsmänner auf ihre Eignung geprüft wurden, konnte versucht werden, die Verwicklung in das Regime der Dreißig zur Sprache zu bringen. Das Verbot des Erinnerns scheint also nicht fugendicht durchzuhalten gewesen sein. Wahrscheinlich ist es ohnehin falsch sich vorzustellen, daß solche Verbote buchstäblich und ein für allemal »galten«. Wer hätte dafür aufkommen sollen? Sie beruhten auf Eiden, das sprach für sie; wie es aber im Einzelfall am Ende auskam, konnte sich erst in immer neuen Kämpfen zeigen. Es mußte erfochten werden.

Die Verfechter der Amnestie haben denn auch energisch auf Einhaltung der Verträge und Eide gedrungen. Vor allem tat es Archinos, der neben Thrasybul zu den Anführern der Demokraten zählte. Er brachte ein Gesetz ein, um Anklagen, die durch Amnestie ausgeschlossen sein sollten, zu verhindern: Es wurde ein spezielles Verfahren, die *paragraphḗ*, eingeführt, die Möglichkeit nämlich, den Ankläger wegen ungesetzlicher Anklage vor Gericht zu ziehen. Das Gericht hatte zunächst darüber zu entscheiden. Hatte die Gegenklage Erfolg, wurde die ursprüngliche Anklage hinfällig, und der Verlierer hatte wegen unberechtigter Klageerhebung eine Strafe zu entrichten. Andernfalls fand der zuvor eingeleitete Prozeß statt.

Außerdem ist für Archinos bezeugt, daß er ein Exempel statuiert hat: Er führte einen Mann, der wider das Verbot Anklage erheben wollte, kurzerhand vor den Rat und veranlaßte, daß er ohne Gerichtsverhandlung hingerichtet wurde. Nur so könne die Demokratie bewahrt werden und ihren Eiden treu bleiben. Die Sache war zwar nicht gerade legal, aber sie scheint eine gewisse Wirkung erzielt zu haben. Wir wissen leider nicht, wie sich dieses Exempel und jenes Gesetz zeitlich zu den erwähnten Anklagen verhalten haben.

Zu fragen ist, ob sich das *mē mnēsikakeîn* im Ausschluß von Anklagen erschöpfte. Warum schwört man, »nicht an das Schlimme zu erinnern«, wenn man nur verhindern will, daß bestimmte Anklagen erhoben werden? Immerhin gab es auch andere, genauere Formeln dafür, daß bestimmte Kategorien von Personen »nichts Schlimmes leiden« oder »nicht vor Gericht gestellt werden« oder »straflos bleiben« sollten. Vor allem: Deutet der Terminus in der transitiven Bedeutung des Wortes erinnern nicht darauf, daß man insgesamt ein Beschweigen, ein Verdrängen aus dem öffentlichen Diskurs im Auge hatte? Schließlich waren es nicht nur Anklagen vor Gericht, die die Vergangenheit immer wieder aufrühren konnten, sondern auch Agitation vor der Volksversammlung oder auf der Agora, bei den verschiedensten Gelegenheiten.

Indes, wie will man das Erinnern aus der Öffentlichkeit ausgrenzen? Ohnehin war es weder möglich noch unbedingt wünschenswert, daß vom Gewaltregime der Dreißig geschwiegen wurde. Verfahren gegen das Führungspersonal der Tyrannis waren ausdrücklich vom Nicht-Erinnern ausgenommen. Bei der Dokimasie, der formellen Überprüfung derer, welche öffentliche Ämter bekleiden sollten, mußte das Handeln und Unterlassen auch einfacher Bürger während der schlimmen Zeit immer wieder zur Rede kommen. Wir finden denn auch Ankläger relativ offen an das Gedächtnis der Richter appellieren.

Und hätte man überhaupt darauf verzichten können, auch den Anlaß zu erinnern, dessentwegen man beschlossen hatte, das Schlimme gerade nicht zu erinnern? In der Tat war es die Erinnerung an das zweimalige Scheitern der Oligarchie in Athen (vor 404/3 hatte es schon einen andern Versuch, sie zu etablieren, gegeben), die die Demokratie als alternativlos erwies.

Man könnte sich fragen, ob vielleicht ein Unterschied bestand zwischen der Erinnerung an das Ereignis im ganzen und der an die Beteiligung Einzelner daran. Aber auch das scheint keine Lösung zu bieten. Denn gerade bei den Dokimasie-Verfahren mußte diese Beteiligung (oder doch der Verdacht einer Beteiligung) stets neu zur Debatte stehen. Oder sollten sich diejenigen, gegen die sich ein Verdacht erheben konnte, ganz aus dem politischen Leben zurückziehen? Unter griechischen Umständen hätte das für viele eine fühlbare Beeinträchtigung bedeutet, also doch wohl dem Sinn des Nicht-Erinnerns widersprochen.

Wenn aber der Grundsatz des Nicht-Erinnerns in der Öffentlichkeit – abgesehen vom seinerseits unvollkommenen Ausschluß der Gerichtsverfahren – keineswegs umfassend gelten konnte, so könnte er doch als Tendenz durchzuhalten gewesen sein. Immerhin macht es einen Unterschied, ob man die Erinnerung, wo sie über das Nötige hinausgeht, zu fördern oder zu unterdrücken sucht, ob man dem, der sie vorbringt, kritisch – oder gar ablehnend – begegnet oder ihn ungehemmt reden läßt, ihm gar zustimmt. Man konnte den gemeinsamen Eid immer neu einschärfen, bei jeder Gelegenheit; Einspruch etwa beim Leiter der Volksversammlung erheben, wenn Vorwürfe aufgetischt wurden. Wir wissen aus anderm Zusammenhang, daß die Versammlung durch laute Zurufe gelegentlich Redner nötigte, die Tribüne zu verlassen. Das setzte freilich voraus, daß genügend Leute aufmerksam und entschlossen bei der Sache waren. Und daß sie von nicht wenigen regelmäßig unterstützt wurden. So wäre die tätige, also nicht nur hier und da (und bei Gelegenheiten, bei denen es angebracht war) sich meldende, die bewußt und von bestimmten Richtungen oder Faktionen betriebene Erinnerung verhindert worden – durch die Mehrheit.

Daß der innere Friede in Athen nachweislich wiederhergestellt und daß die Stadt darob geradezu bewundert wurde, ist Argument sowohl für die Schwierigkeit als auch für die Konsequenz und hohe Energie, mit denen man ihr begegnete. Insofern konnte Verdrängung zumindest ein gutes Stück weit Erfolg haben. Das Mißtrauen von seiten der Unterlegenen wurde abgebaut. Isokrates spricht bald von den »Vertrauensbeweisen, die man sich gegenseitig gab«. Es war ein fast übermenschliches Unternehmen – angesichts des breiten Kreises der Betroffenen, ihres Schmerzes und ihrer Wut. Aber es gelang. Man konnte wieder »gut und gemeinsam Bürger sein« (18,46). Nachdem sich am Ende des so schreckensreichen Peloponnesischen Kriegs die ganze Größe dieser Stadt noch einmal im Bösen ausgetobt hatte, konnte sie sich nahezu unmittelbar darauf auch im Guten zeigen.

Die Lage, in der sich die geschlagene Stadt befand, begünstigte die Verfechter der Amnestie. Die militärische Niederlage saß den Athenern noch in den Knochen. Das große Ausmaß von Gewalt und Tod, welches Krieg, Tyrannis und Bürgerkrieg in der jüngst vergangenen Zeit heraufgeführt hatten, könnte eine gewisse Ermattung auch des Rachedrangs nach sich gezogen haben.

Jedenfalls war große Vorsicht angeraten. Wenn Archinos den Ratsmännern, als er ihnen den erwähnten Ankläger vorführte, unter anderm erklärte, jetzt könnten sie zeigen, ob sie die Demokratie retten wollten, so war das kaum einfach aus der Luft gegriffen. Wären die Oligarchen in die Enge getrieben worden, hätten sie durchaus auf auswärtige Hilfe rechnen können; etwa seitens der Spartaner, die sich für den inneren Frieden stark gemacht hatten (und mit den Oligarchen verbündet gewesen waren), aber auch seitens jener Städte, welche Athen nach der Niederlage am liebsten dem Erdboden gleichgemacht hätten. Zudem war der Kreis der Besiegten dank der vielen, die zu Komplizen geworden waren, relativ groß. Und sie hatten zunächst einmal allen Anlaß, sich zu fürchten; nicht nur wegen all dessen, was unter ihrem Regime angerichtet worden war, sondern auch im Gedanken daran, wozu die attische Demokratie im Peloponnesischen Krieg bereit und fähig gewesen war: Ganze Bürgerschaften hatte sie ohne Not über die Klinge springen lassen. Einmal hatte man nach einer Schlacht sämtlichen Gefangenen die Hände abgehackt; konnten die Oligarchen wissen, was alles jetzt drohte, falls die Auseinandersetzungen sich zuspitzten?

Kurz, es gab ein handfestes gemeinsames Interesse an der Bewahrung des inneren Friedens in Athen. Es gab eine starke Gruppe unter den aus dem Exil heimgekehrten Demokraten, die auf Einhaltung der eidlichen Verpflichtungen drängte. Es gab Argumente und Methoden, um es ihr zu ermöglichen, allem öffentlichen Erinnern an das Gewaltregime enge Grenzen zu setzen. Es ist aber auch mit gewissen Disziplinierungsfähigkeiten zu rechnen. In Athen war das Ganze der Polis besonders stark im Denken und gegenseitigen Sich-Beanspruchen der Bürger verankert. Denn die Polis war hier weit mehr als die Summe ihrer Mitglieder. Wohl legte die attische Volksversammlung normalerweise Wert darauf, jeweils alle Argumente pro und contra vorgelegt zu bekommen (und freute sich an der rhetorischen Auseinandersetzung). Hier jedoch scheint das Einhalten der Grenzen vordringlich gewesen zu sein, und das hat aller Wahrscheinlichkeit nach – angesichts des wohlbezeugten Erfolgs – dazu geführt, daß die Rachebedürfnisse Einzelner marginalisiert und das heißt schließlich erstickt werden konnten. So konnte jene Einmütigkeit entstehen, die die Voraussetzung dafür war, daß Gras über die Sache wuchs.

Ein anderes Problem ist, wie weit im *mē mnēsikakeîn* das Erinnern auch in der reflexiven Bedeutung des Wortes, also Vergessen gemeint war. Cicero scheint es so gedeutet zu haben. Denn er sagt, er habe, als er sich 44 auf das athenische Vorbild berief, das Wort benutzt, dessen sich die Athener damals bedient hatten. Aber mit aller Selbstverständlichkeit gebraucht er auf lateinisch *oblivio*, also Vergessen.

Übrigens hatte schon Homer am Ende der Odyssee (24,484f.) vom Vergessen *(éklēsis)* gesprochen. Nachdem Odysseus und die Seinen die Freier getötet (und Rache zu befürchten) hatten, läßt er Zeus erklären: »Wir wollen ein Vergessen des Mordes an den Söhnen wie den Brüdern setzen, und sie sollen einander befreundet sein wie vorher, und es soll Reichtum und Friede in Fülle sein«. Was man natürlich kann, wenn man ein Gott ist.

Indes könnte sich in dieser wundervollen (und unter den Griechen mit Sicherheit gut bekannten) Stelle zeigen, wie dringend ihr Wunsch nach Vergessen von Unrecht schon in ihrer frühen Zeit gewesen ist. Wenn jedenfalls Groll und Rachegelüste immer wieder den inneren Frieden bedrohten. Später formuliert der ältere Seneca kurz und bündig: *Optima civilis belli defensio oblivio est.*

Allein, konnte man über das hinaus, was die Verdrängung aus dem öffentlichen Diskurs befördert und was die Zeit zu besorgen pflegt, wirklich ein Vergessen im einfachen Sinn des

Worts bewerkstelligen? Die Griechen haben sich, soweit wir sehen können, darüber nicht geäußert; haben es vermutlich gar nicht für möglich gehalten. Ciceros Wiedergabe des Nicht-Erinnerns als Vergessen könnte einfach eine wunschbeflügelte Ausdrucksweise darstellen. In Wirklichkeit ging es ihm nur um Straffreiheit für die Caesar-Mörder sowie – als Gegenleistung dafür – um die Bestätigung der Gültigkeit der Verfügungen des toten Dictators. Erst nach Cicero wird das Wort Vergessen *(oblivio)*einschlägig.

Wenn man das Wort nicht zu genau nimmt – oder wenn man sich an jenen Strang seiner Geschichte hält, in dem Vergessen im Sinne einer aktiven Tätigkeit gemeint wird – könnte man immerhin einen Sinn darin sehen.

*

Ganz im Gegensatz zum Vergessen stand das Gedächtnis als Gewährleistung des Rechts. Der Göttin Dikē, der Gerechtigkeit, wurde es zugesprochen. Sie war die Tochter des Zeus. Und sie strafte jedenfalls, so meinte, so glaubte, so wollte man. Gerade, aber nicht nur, in den Unterschichten gab es genügend Leidtragende, die den Glauben daran hoch hielten und bekannten – damit andere davon abgehalten wurden, Unrecht zu tun, aber natürlich auch, damit sie selbst darin Trost und Hoffnung fanden. Auch die Griechen kannten den im Orient vielfach bezeugten Glauben, daß Untaten eventuell erst im dritten und vierten Glied geahndet wurden. Hoffnungen darauf mochten die Hinterbliebenen der Opfer der Dreißig hegen. Aber auf das Recht unmittelbarer Verfolgung der Täter mußten sie verzichten. Das friedliche Zusammenleben war wichtiger als die Gerechtigkeit.

Der weitere Zusammenhang: Rachebedürfnisse und die notwendige Fähigkeit gegenzuhalten

Das allgemein-menschliche Problem des öffentlichen Umgangs mit Unrecht großen Stils war bei den Griechen dadurch verschärft, daß bei ihnen das Bedürfnis, Rache zu nehmen (oft über die Erwiderung des Erlittenen hinaus) vergleichsweise sehr stark ausgeprägt war. So sehr, daß es üblich war und blieb, aus ihm keinen Hehl zu machen. Man hatte offensichtlich kein schlechtes Gewissen dabei. Für den Peloponnesischen Krieg, der so viele Mißbräuche bis zur Perversion steigerte, stellt Thukydides gar fest: »Vergeltung an einem zu üben stand höher im Kurs als vorher keine Kränkung erlitten zu haben« (3,82,7).

Die Gründe dafür sind in bestimmten Eigenarten zu suchen, welche die Griechen im Prozeß ihrer Kulturbildung ausprägten. Es war ein hohes Maß an Freiheit und Eigenständigkeit, das sie in jener Vielzahl kleiner, exklusiver, politisch selbständiger Grundeigentümergemeinden bewahren und befestigen konnten, zu denen sie sich politisch gruppierten. So, wie es herauskam, wollten die Bürger – mit bestimmten Abstufungen – möglichst weitgehend und möglichst unmittelbar die Polis *sein*. Wollten keine Herrschaft, wollten auch möglichst wenig Macht an Amtsträger delegieren. Wollten keine irgend beträchtliche Exekutivgewalt haben, keine Polizei. Die kleinen Gemeinwesen wurden gleichsam zu konkret von Bürgern ausgemacht, als daß sich eine Gewalt wie in der Neuzeit die des Staats aus diesen Bürgern hätte herausheben und ihnen hoheitlich hätte gegenübertreten können – als etwas anderes, in dessen Rahmen die Bürger allenfalls aufgehoben sein konnten.

So waren die Griechen weit entfernt auch von all den kräftigen Disziplinierungen (und Beschneidungen individueller Entfaltungsmöglichkeiten), durch die etwa die Römische Republik ihre Bürger vom Adel abhängig machte, ganz zu schweigen von denen, durch die Staat und Kirche den Menschen der europäischen Neuzeit so vieles an- und so vieles aberzogen haben.

Die Griechen kannten in aller Regel keine starken Zusammenhänge von Geschlechtern, keine Klientelverhältnisse. Die Einzelnen standen bei ihnen eher jeder für sich. Eben damit stellte sich ihnen relativ scharf und umfassend die Aufgabe individueller Selbstbehauptung. Sie sahen sich vielfach gefordert; schon durch die ständigen Wettkämpfe, die sie untereinander austrugen; vor allem durch die Notwendigkeit, Bedrohungen zu begegnen oder sie gar nicht erst aufkommen zu lassen. Ihre Ehre war mithin leicht verletzlich. Sie waren darauf angewiesen, daß man sie respektierte, unter Umständen fürchtete. Sie mußten aber auch auf Freunde zählen können; nicht immer dieselben, denn die Verhältnisse fluktuierten, aber immer irgendwelche, möglichst mächtige.

Daher wurde eine Fähigkeit für sie lebenswichtig, von der denn auch immer wieder die Rede ist. Sie mußten ihren Freunden nutzen und ihren Feinden schaden können. Das machte zu einem sehr wesentlichen Teil den Rang und die Geltung eines Mannes aus. Er durfte sich nichts gefallen lassen. Wenn ihm doch etwas geschah, mußte er sich Genugtuung verschaffen, eben den Feinden zu schaden vermögen. Nachgeben galt als Schwäche – oder gar Schande. »Eine Schande ist das, auch für die Späteren zu erfahren, wenn wir es die Mörder unserer Söhne und Brüder nicht büßen lassen«, ruft einer der Väter am Ende der Odyssee den anderen zu, um sie zum Kampf gegen Odysseus anzustiften (24,433). In einem weitverbreiteten Kommersbuch heißt es: »Sterben möchte ich, vergälte ich nicht Leid mit Leid.« Man betete zu den Göttern, sie möchten einem Vergeltung gewähren. Einmal wird von einem zum Tode Verurteilten berichtet, er habe ein noch gar nicht geborenes Kind, von dem er aber meinte, seine

Frau sei mit ihm schwanger, zur Rache verpflichtet. Insbesondere die Herren der Oberschicht waren anspruchsvoll, begehrten leicht auf. Da man dicht aufeinander lebte und die Waffen, und seien es die Fäuste, locker saßen, konnte das rasch zu Gewalt führen.

Und wenn es zu Mord und Totschlag kam, passierte es leicht, daß Verletzte (respektive deren Hinterbliebene) und Verletzer je ihre Freunde um sich scharten, daß Parteiungen entstanden, die sogenannten *staseis*, die das ganze Gemeinwesen in Mitleidenschaft zogen. Rache zog Widerrache nach sich. Als mit der Zeit die Standards des Reichtums und der Macht wuchsen, konnten solche Parteiungen auf längere Zeit sich halten, konnten sie sich zu Kämpfen um die Herrschaft im Gemeinwesen steigern. Unter Umständen resultierte daraus die Tyrannis eines der Anführer.

Wer das Feld behauptete, pflegte die Gegner, sofern er sie nicht erschlug, in die Verbannung zu schicken, oft auch ihr Vermögen zu konfiszieren. Dann hatte er die Stadt für sich. Aber selten auf Dauer. Zum einen konnte die so entstandene Herrschaft drückend werden und Widerstand im Innern hervorrufen. Zum andern und vor allem konnten sich die Verbannten (oder Flüchtlinge) mit auswärtigen Freunden verbinden und ihre Rückkehr erzwingen, oft mit der Folge, daß sie ihrerseits die Gegner ermordeten oder verjagten (und enteigneten). Dergleichen kam immer wieder – bald hier, bald dort – vor. Es war eine Plage.

Man mußte auf Mittel sinnen, diese Kämpfe zu unterbinden oder gar nicht erst ausbrechen zu lassen. Eines davon war, daß die Gemeinden versuchten, die Verfolgung von Unrecht an den Schiedsspruch oder an das Urteil von Gerichten zu binden. Aber in der frühen Zeit schufen sich gerade die großen Herren ihr Recht lieber selbst. Fanden auch nicht, daß man sie vor Gericht ziehen sollte. Wenn es zum offenen Kampf kam, konnte man versuchen, den streitenden Gruppen in die Arme zu fallen (oder die

Bürger dazu zu nötigen, dies zu tun). Falls zugleich soziale Gegensätze in die Kämpfe einbezogen wurden, mußte man sehen, deren Ursachen zu beseitigen. Man konnte etwa einen »Ins-Lot-Richter« bestellen, um die ganze Stadt neu zu ordnen.

Auf die Dauer vermochte man es, das Ganze des Gemeinwesens stärker gegen die potentiell so sehr auf ihre Freund- und Feindschaften bezogenen hohen Herren ins Spiel zu bringen. Etwa durch regelmäßige, auch institutionell abgesicherte Beteiligung der »Mittleren«, grob gesagt der Mittelschicht. Das war kein Allheilmittel, konnte aber doch vielen Kämpfen die Spitze der Gewaltsamkeit nehmen. Es konnte daraus Druck auf die Adligen resultieren, ihre Kämpfe in den institutionellen Bahnen der politischen Ordnung auszutragen. Es kam zu Vorstufen der Demokratie, schließlich, Ende der sechziger Jahre des 5. Jahrhunderts in Athen, zur Demokratie selbst.

Aber gewisse Grundzüge der Poleis hielten sich durch. Sie blieben auch weiterhin Bürgerschaften, über die sich kein Staat wölbte. Polis im Sinne politisch vollberechtigter Bürgerschaft war dann entweder der ganze Demos oder die Gruppe der Wenigen *(oligoi)*. Womit neuer Konfliktstoff, gerade auch unter den Adligen, gegeben war. Einige konnten sich die Demokratie zunutze machen, andere waren beleidigt, weil sie darin zu wenig Ehren erhielten. Eine lange Reihe von Verfassungsumstürzen konnte die Folge sein, samt Mord, Vertreibung und Vergeltung.

*

Wenn also in diesen Poleis ein einigermaßen friedliches Zusammenleben gesichert werden sollte – und das muß ja trotz zahlreicher Störungen vielerorts geschehen sein –, mußten die Bürgerschaften weithin stets neu selbst dafür aufkommen. Das heißt, es mußten sich unter ihnen bestimmte Fähigkeiten ausbilden. Etwa diejenige, gegeneinander aufgebrachte Männer zu versöhnen, bevor es zum offenen Austrag der Gegnerschaft kam. So wurde die Anmut interessanterweise zu einer in den Poleis hochgeschätzten Eigenschaft: Wer sie besaß, war der geborene Vermittler. Die Autorität der Ältesten mochte zum gleichen Ergebnis führen.

Darüber hinaus aber mußte die Gesamtheit der Bürger lernen, immer neu die Affekte zu domestizieren. Jene zum Prozeß der Zivilisierung gehörende Implantation bestimmter Hemmungen des Dichtens und Trachtens, welche anderswo von Machthabern, ihren Höfen, religiösen und andern Instanzen nachhaltig betrieben wird, mußte hier ja immer neu zwischen den Bürgern erfolgen.

Die Handlungskompetenzen, derer sie dazu bedurften, sind schwer zu benennen. Man mußte imstande sein, Gefahren rechtzeitig auszumachen, imstande sein aber auch dazu, zusammenzustehen gegen diejenigen, die auf den Austrag von Zwist und Auseinandersetzung drängten. Es mußten sich gemeinsame Überzeugungen bilden und verbreiten, Maßstäbe des Handelns und Weisen, sie zur Geltung zu bringen; ein Zusammenspiel von Erwartungen und Erwartungserwartungen. Man mußte lernen, die Ränder sich bildender Faktionen abzuschmelzen. Und so könnte man natürlich auch gelernt haben, unangenehme, potentiell explosive Ereignisse zu beschweigen; zu verdrängen und dann zumindest in der Öffentlichkeit dem Vergessen anheimzugeben. Der Beschluß des attischen Rats gegen den Tragiker Phrynichos muß nicht völlig ohne Vorbilder gewesen sein. Aber was auch immer es gewesen sein mag: Gerade angesichts der Stärke von Rachegelüsten und der Bezogenheit auf Freund- und Feindschaften ist mit der Bildung und Verbreitung solcher Fähigkeiten in der Bürgerschaft zu rechnen. Es wäre ja anders gar nicht gegangen.

In den Quellen ist das alles nicht zu fassen. Die kurzen Anweisungen, die den Sieben Weisen der archaischen Zeit (im 7. und 6. Jahrhundert) zugeschrieben werden, beziehen sich zumeist auf Mahnungen zum Maßhalten, Sich-Bescheiden, zur Erkenntnis der eigenen Grenzen. Sie richten sich also an den potentiell Streit Auslösenden, nicht an die ihn potentiell hemmenden Kräfte. Es mag mit dem Genre zusammenhängen. Vereinzelt nur kommt einmal die Aufforderung vor: »Feindschaft auflösen!« Immerhin mahnt der spartanische Weise Chilon: »Hast du Unrecht erfahren, versöhn' dich. Hat man dich verächtlich behandelt, räch' dich.« Die Maximen sind aus späterer Zeit überliefert, könnten aber älter sein. »Verzeihung ist stärker als Rache«, soll der Dichter Alkaios gesagt haben. Daß Unrecht leiden besser als Unrecht tun ist, hat erst (und wohl fast nur) Sokrates behauptet. Gelegentlich hören wir, Rachedurst lindere sich mit der Zeit und: der »Hochherzige« *(megalopsychos)* sei nicht nachtragend.

Sieger und Besiegte

Sieger und Besiegte sind in Hinsicht auf das Erinnern, das heißt auf mögliche Rache-Bedürfnisse in unterschiedlicher Lage: Das spielt bei Kriegen zwischen Poleis, soweit wir sehen, keine Rolle, wo es sich aber um den Konflikt zwischen Personen oder kleinen Gruppen handelt, um so mehr.

Vom Gott Poseidon wird einmal in einem fingierten Gespräch aus der frühen römischen Kaiserzeit berichtet, er sei verschiedenen Gottheiten unterlegen, habe das aber freundlich und ohne Groll hingenommen. Man kommt von da zu der Frage, um wie viel »politischer« Poseidon sei als Thrasybul. Denn er hat nicht als Sieger, sondern als Verlierer klein beigegeben (oder sich nicht des Schlimmen erinnert; der Text bricht hier ab, der Sinn ist jedoch eindeutig). Er hat auf Vergeltung verzichtet. »Politisch«

(politikós) hat hier die Bedeutung von »im Sinne der Polis«, des Ganzen, dem natürlich mit solchem Verhalten gedient ist. Es leuchtet ein: Besiegte müssen auf Rache sinnen. Niederlagen in Auseinandersetzungen zwischen Personen und Gruppen wollen ebenso wiedergutgemacht werden wie erlittenes Unrecht oder erfahrenes Leid. Sonst erweist man sich als gefährlich schwach.

Verzichtet dagegen der Sieger auf Rache, hat er immerhin den Sieg gehabt. Indes bleibt es ein Verdienst, wenn er – samt den Seinen – die ihm offenstehende Rache nicht ausübt. Insofern hatte der Autor der dem Aristoteles zugeschriebenen »Athenaíōn Politeía« recht, als er die Athener wegen ihres Umgangs mit ihrer schwierigen Vergangenheit ebenfalls als »politisch« lobte, und zwar geradezu im Superlativ. Und Thrasybul verdient alle Anerkennung. Gewiß, die Spartaner hatten Druck ausgeübt; gewiß, die Vernunft sprach für den Verzicht auf Rache (und Gerechtigkeit). Das künftige Zusammenleben der Athener hing davon ab. Und – der Sieg war am ehesten zu sichern, wenn es dem Sieger gelang, die Kette von Rache und Widerrache zu durchbrechen. Kein anderer konnte das. Entsprechend macht Platon gerade die Sieger dafür verantwortlich, daß die Fehde ein Ende nimmt (indem sie nämlich sich – und die Rache – beherrschen und eine gerechte Ordnung für alle einführen sollen). Nur so könnten Bürgerkriegsparteien ein Ende des Schlimmen *(paula kakôn)* erreichen. Aber leicht war das nicht.

Wenn Alkaios, der Dichter und Teilhaber so vieler schwerer Kämpfe in Mytilene auf Lesbos erklärt, sobald die Seinen den Kampf gewonnen hätten, seinen Groll zu vergessen (43 D.), also doch wohl auf Verfolgung der Besiegten zu verzichten, wollte er sich ebenfalls mit dem Sieg begnügen (womit freilich nicht gesagt ist, daß er es wirklich getan hätte).

Die Problematik der Verkettung von Rache und Widerrache und ihrer Durchbrechung ist auf klassische Weise durchgespielt in Aischylos' »Orestie« von 458 v. Chr. Aktuell bezieht sie sich auf eines der einschneidendsten Ereignisse der attischen Geschichte: Der altersgeheiligte Adelsrat auf dem Areopag, der gegenüber der schon längst mächtigen Volksversammlung damals noch eine hohe Autorität bewahrt hatte, wurde all seiner politischen Funktionen beraubt. Es begann die radikale Demokratie. Die Aufregung war groß. Der Urheber des Beschlusses wurde ermordet. Man verdächtigte einen Kreis von Adligen, mit den Spartanern gegen Athen zu konspirieren. Für viele wird es schwer gewesen sein, sich vorzustellen, wie eine Stadt von der Größe und ungeheuren Bedeutung Athens künftig in der Form einer radikalen Demokratie ihre Politik, insbesondere Außenpolitik und Krieg führen wollte. Konnte das gut gehen? Ja konnte es im Sinne der Götter sein?

Mit dieser Situation, diesem tiefen Eingriff samt all der Unruhe, die damit verknüpft war, nahm Aischylos es auf. Was er dichtete, war eins der gewaltigsten Werke der Weltliteratur. Die ganze Weltordnung wurde ihm – angesichts dieser Erschütterung – zum Problem. Er entfaltet es in vielen Facetten.

Einer der Fäden, die sich durch die Trilogie ziehen, betraf den Umgang mit der Rache. Agamemnon, der aus Troja zurückkehrende Oberbefehlshaber des griechischen Aufgebots, wird von seiner Ehefrau Klytaimestra ermordet. Sie vergilt ihm, daß er die gemeinsame Tochter geopfert hat. Zugleich handelt sie im Sinne ihres Geliebten Aigisth, der darauf bedacht sein mußte, seinen Vater zu rächen für das, was Agamemnons Vater dem angetan hatte. Was wieder die Antwort dafür gewesen war, daß Aigisths Vater dessen Frau verführt hatte.

Nach ihrer Tat befindet Klytaimestra, es sei genügend Leid geschehen. Was in der Sprache des Dramas heißt, sie hoffe, daß sich der Fluch endlich von ihrem Hause abwende, ließe sich politisch als Hoffnung auf Vergessen formulieren. Das ist der

Wunsch des Siegers, nachdem er Rache geübt hat, also saturiert ist.

Aber noch leben zwei Kinder, Orest und seine Schwester Elektra. Und Orest bekommt von Apollon, der im Namen des Zeus spricht, die Weisung, er müsse unbedingt seinen Vater rächen. Das Rachegebot führt zu seiner schrecklichsten Konsequenz: Der Sohn kann den Vater nur rächen, indem er die Mutter ermordet. Nachdem das geschehen, steht kein Verwandter mehr als Rächer zur Verfügung. Folglich übernehmen die Erinyen, die göttlichen Rachegeister, die Sache. Allein, Orest bekommt von Apollon Hilfe zugesagt. Auf Geheiß des Gottes begibt er sich nach Athen. Dort muß er sich vor einem Gericht gegen die Anklage durch die Erinyen verantworten. Mit Stimmengleichheit wird er freigesprochen. Worauf die tief verletzten Erinyen nun drohen, an Athen Rache zu nehmen. Unter Aufwendung aller Überredungskünste sowie mit dem Angebot, ihnen in Athen Haus und Verehrung zu gewähren, gelingt es der Göttin Athene, sie zu besänftigen. Unter anderm indem sie erklärt, sie seien gar nicht besiegt worden. Stimmengleichheit bedeute keine Schande für sie.

Wenn man diesen Strang der Handlung auf eine Formel bringen will, so lautet sie: Die Abstimmung hat zu gelten. Aber der Sieger muß versöhnlich sein. Was Thrasybul, Archinos und die Athener 404 auf 403 taten, war hier also vorgebildet.

Aischylos läßt die Erinyen in ihren Segensgesängen den Wunsch äußern, daß niemals Bürgerkrieg in der Stadt sein Gebrüll erhebe. Daß der Staub, wenn er schwarzes Bürgerblut getrunken, nicht »in rasender Rachsucht – Mord für Mord – Vergeltung« fordere. »Vielmehr sollen die Bürger Freude für Freude einander schenken, in gemeinfreundschaftlicher (oder: das Allgemeine liebender) Gesinnung, und eines Sinnes hassen.« Die innere Befriedung soll hier also Sicherheit gewinnen durch eine

Veränderung der Freund-Feind-Konstellationen. An die Stelle der Entzweiung im Innern soll die Einheit (und Feindschaft) nach außen treten. Athens erfolgreiche Außenpolitik, das ist der Hintergrund, soll die Gewähr dafür bieten, daß innere Konflikte überwunden werden. Damals wurde das Polis-Ganze völlig neu begriffen. Die Rolle des Adels verstand sich nicht mehr von selbst, sondern mußte in diesem Rahmen neu bestimmt werden. Und letztlich war das auch eine Voraussetzung dafür, daß diese Stadt fähig war, 404/3 die schweren Probleme nach verlorenem Krieg, Tyrannis und Bürgerkrieg zu lösen. Es gelang, was zur Zeit der Orestie, begünstigt durch eine Reihe von Siegen (Aischylos spricht mehrfach vom Sieg) und das immer weitere Ausgreifen der athenischen Macht begonnen hatte, im Zeichen der Niederlage fortzusetzen.

4. Mittelalter und Neuzeit

Daß mit dem Friedensschluß normalerweise *abolitio* (Tilgung), *oblivio* (Vergessen) oder *remissio* (Vergeben) des Geschehenen einhergeht (jeweils eins oder mehreres und Amnestie), hat Jörg Fisch anhand von zahlreichen Beispielen gezeigt. »Daß mit dem Friedensschluß auch die Amnestie verbunden sei, liegt schon im Begriffe desselben«, heißt es bei Kant.

Schuldfeststellungen mögen vorkommen, gar relativ objektiv sein, gleichsam zur Vergewisserung über die Ursachen des Krieges. Sie finden sich regelmäßig in ungleichen Verträgen, etwa zwischen Lehnsherrn und Lehnsmann. Dann kann etwa ausdrücklich festgesetzt werden, daß und mit welchen Worten der Lehnsmann sich entschuldigen und daß und wie der Lehnsherr ihm verzeihen wird. Ohnehin fordert Schuldanerkennung unter christlichen Auspizien, zumal im Mittelalter, die Vergebung. Es gibt auch Ausnahmen von der Amnestie: gemeine Verbrechen etwa, an deren Ahndung oft beide Seiten interessiert sind. Kaum je aber soll jemand zur Verurteilung ausgeliefert werden. In der Regel ist alles, was im Krieg innerhalb oder außerhalb des geltenden Kriegsrechts geschah, mit dem Frieden erledigt.

Selbstverständlich enthält der Westfälische Frieden einen entsprechenden Passus: »Beiderseits soll ewiges Vergessen und Amnestie all dessen sein, was seit Beginn dieser Bewegungen an welchem Ort und auf welche Weise auch immer von der einen oder andern Seite, hinüber und herüber, an feindlichen Akten verübt worden ist ... alles sei in ewiger Vergessenheit begraben.« Noch in den Ostverträgen des Jahres 1918 findet sich die Amnestie, dort allerdings nur im Sinne der Straffreiheit für ausdrücklich festgelegte Tatbestände, ganz im Unterschied zu früher, wo die Ausnahmen benannt wurden. Das Beispiel des Türkischen Friedens von 1923 ist oben schon erwähnt worden.

Entsprechend beobachtet man es nach den großen Bürgerkriegen und Revolutionen. So etwa im Edikt von Nantes, in dem Heinrich IV. »erklärt und verordnet«, die Erinnerung an das von beiden Seiten Geschehene solle ausgelöscht und eingeschläfert sein, wie wenn es nicht passiert wäre *(Que la mémoire de toutes choses ... demeurera esteinte et assoupie, comme de chose non advenue)*. Er verbietet jede Erwähnung und jede Verfolgung *(en faire mention, procez et poursouite ...)*. Zugleich untersagt er, die Erinnerung zu erneuern, andere wegen der Geschehnisse anzugreifen etc. Man solle sich zufriedengeben und friedlich zusammenleben »wie Brüder, Freunde und Mitbürger«. Zuwiderhandelnde seien als Friedensbrecher und Feinde der öffentlichen Ruhe zu bestrafen.

Nach der Rückkehr Karls II. nach England, 1660, wurden zwar die Leichen Cromwells und weniger anderer ausgegraben, an den Galgen gehängt, anschließend geköpft und verscharrt, ferner die Königsmörder (soweit man sie fassen konnte, das waren zwölf) und wenige prominente Republikaner hingerichtet, aber sonst passierte keinem etwas. Der König hatte *An act of free and general pardon, indemnity and oblivion* erlassen. Ähnlich hatte übrigens 1652 schon die Republik die Anhänger des Königs (mit gewissen Ausnahmen) amnestiert. Entschädigungslos enteignete Güter wurden zurückgegeben; darüber hinaus aber wurde kein in der Zwischenzeit erfolgter Wechsel im Grundbesitz angetastet.

Ludwig XVIII. ordnete Vergessen sogar für die »Königsmörder« an. Sie sahen sich allerdings trotzdem dem weißen Terror ausgesetzt, einige schlugen sich daher – zusammen mit andern – während der 100 Tage auf Napoleons Seite. Die wurden anschließend bestraft; für die übrigen galt die versprochene Amnestie, die am 12. Januar 1816 zum Gesetz wurde. Ludwig übernahm sogar weitgehend das Personal der napoleonischen Zeit, inklusive Fouchés, des Polizeiministers. Seine Parole war *union et oubli.* Trotz des Drängens der – nach längstens 25 Jahren – zurückgekehrten Emigranten wird über die Rückgabe der enteigneten Güter erst nach dem Tod des Königs, 1824, verfügt – und zwar so, daß der Besitzwechsel während der Revolution und in der napoleonischen Zeit zumeist respektiert wird. Dennoch hat Jacob Burckhardt gefunden: »Wünschbar wäre, daß Emigranten nie zurückkehrten, das Erlittene als ihr Theil Erdenschicksal auf sich nähmen und ein Gesetz der Verjährung anerkennten, das nicht bloß nach Jahren, sondern nach der Größe des Risses seine Entscheide gäbe.« Und immer wieder heißt es, die Emigranten hätten »nichts gelernt und nichts vergessen«. Um so beachtlicher ist, daß Ludwig – wie schon die Minister Karls II. in England und vor allem Heinrich IV. – sich in der offiziellen Politik gegen sie durchzusetzen vermochte, auch wenn er manche Racheakte der Royalisten nicht verhindern konnte.

Man könnte die Reihe mit der Amnestie Andrew Johnsons nach dem amerikanischen Bürgerkrieg 1868 fortsetzen, in der jedem (mit Ausnahme einiger Führer) Straflosigkeit zugesichert wurde, der bereit war, einen nicht näher qualifizierten Treueid auf die Vereinigten Staaten abzulegen.

1882, immerhin in größerem zeitlichen Abstand, rief Léon Gambetta zur Begnadigung der verurteilten und verbannten Kämpfer des Commune-Aufstands von 1870/71 auf: »Wir müssen das Buch dieser zehn Jahre schließen, einen Grabstein des Vergessens auf die Verbrechen und Spuren der Commune wälzen und sagen, daß es nur ein Frankreich, nur eine Republik gibt.«

Anders war es dann am Ende des Ersten Weltkriegs: In Versailles haben die Siegermächte »eine allgemeine Entschuldigung der Ereignisse der Jahre 1914 bis 1918« ausdrücklich abgelehnt. Sonst könne kein Rechtsfrieden geschaffen werden. Sie betrachteten den Krieg als »das größte Verbrechen gegen die Menschheit und gegen die Freiheit der Völker …, welches eine sich für zivilisiert ausgebende Nation jemals mit Bewußtsein begangen hat«. Entsprechend fordere die Gerechtigkeit von Deutschland ein »Werk der Wiedergutmachung bis zur äußersten Grenze seiner Fähigkeit«. Es herrschte der »Grundsatz der strafenden Gerechtigkeit«.

Der Vertrag enthielt einen eigenen Abschnitt *sanctions, penalties*. Der deutsche Kaiser – nur er! – sollte »wegen schwerster Verletzung des internationalen Sittengesetzes und der Heiligkeit der Verträge« ausgeliefert und vor ein internationales Gericht gestellt werden. Den Siegern mußte zugestanden werden, »alle Personen, die des Verbrechens gegen die Gesetze und Gebräuche des Krieges angeklagt sind, vor ihre Gerichte zu ziehen«. Wofür es meines Wissens kein Präzedenz gab. In diesem Punkt blieb wenigstens der Grundsatz des *nullum crimen sine lege* gewahrt. Immerhin ging es um Verstöße gegen die Haager Landkriegsordnung.

Kein Gedanke also an eine Amnestie. Praktisch freilich sind all diese Bestimmungen nicht eingehalten worden. Man hat sie unterlaufen. Auch der Kaiser wurde nicht ausgeliefert, da die Niederlande, die ihm Asyl gewährt hatten, sich weigerten, ihn entgegen dem Völkerrecht auszuliefern. Was dieser Versuch, Gerechtigkeit zur »einzig möglichen Grundlage für die Abrechnung (sic!) dieses fürchterlichen Krieges« zu machen, bewirkt hat, braucht nicht näher ausgeführt zu werden.

Um insoweit zusammenzufassen: Nach Kriegen, Bürgerkriegen, Revolutionen ist in der Geschichte bis 1918 und zum Teil darüber hinaus (wie etwa der Friede von Lausanne 1923 zeigt) ziemlich regelmäßig beschlossen worden, das Geschehene zu vergessen. Während die Straflosigkeit in der Regel durchgesetzt werden konnte, verhielt es sich mit dem Vergessen schwieriger. Für die, die Schaden und vor allem Unrecht erlitten haben, gilt wohl Nietzsches Wort: »Nur was nicht aufhört, weh zu tun, bleibt im Gedächtnis«; für diejenigen dagegen, die Unrecht begangen haben, eher seine berühmtere Formulierung: »›Das habe ich getan‹, sagt mein Gedächtnis. ›Das kann ich nicht getan haben‹ – sagt mein Stolz und bleibt unerbittlich. Endlich – gibt das Gedächtnis nach.« Und das scheint bei Kollektiven noch stärker der Fall zu sein als bei Einzelnen.

*

Gegen die gegenwärtig vorherrschenden Anschauungen gehalten ist dieser Befund eher befremdlich. Wie ist er zu erklären? Ich möchte die Fragen, die sich mir hier stellen, durch Thesen beantworten.

1. In diesen Versuchen, Vergessen zu stiften, äußert sich eine auf Erfahrung beruhende Weisheit (zu der, wie das Vorkommen entsprechender Bemühungen in verschiedenen Erdteilen zeigt, die verschiedensten Kulturen unabhängig voneinander gelangt

sind). Wenn man künftig im Frieden zusammenleben will, wenn also Krieg, Bürgerkrieg, Revolution nicht »fortzeugend Böses gebären« sollen (um die Formulierung Schillers zu benutzen), muß ein Schlußpunkt gesetzt werden. Und dann muß auch Schluß sein – und darf keine Fortsetzung über Anklage, Strafe, Rache (und immer neue Vorwürfe) drohen. Besonders schwere Verbrechen werden in der Regel von der Amnestie ausgenommen. Ganz wie schon im alten Athen ist das eine Voraussetzung der Straffreiheit für das Gros der Beteiligten (und zumindest zum Teil möglicherweise ebenfalls Schuldigen).

Daß die Friedensbedingungen selbst oft die Rache heraufbeschwören, steht auf einem andern Blatt. Es wird durch die Modalitäten der Verträge nicht berührt. In diesen Zusammenhang gehört das Beispiel der Annexion Elsaß-Lothringens durch das Deutsche Reich im Jahre 1871. Das Gedächtnis der Besiegten gab keine Ruhe. »Immer dran denken, nie davon reden«, lernte man im deutschen Schulunterricht, sei daraufhin die französische Parole gewesen, bis schließlich die Forderungen nach Revanche immer stärker wurden.

2. Indem man die Fähigkeit hat, einen Schlußpunkt zu setzen, verzichtet man bewußt um des Friedens willen auf die Ahndung von vielerlei Unrecht.

a) Der Friede, der äußere wie der innere, wird insoweit für wichtiger gehalten als das Recht, wohl auch weil man weiß, wie sehr nicht zuletzt die Bemühungen um Gerechtigkeit nach solchen Kämpfen den Frieden bedrohen können. Immerhin können gerade in und nach heftigsten Auseinandersetzungen die Ansichten darüber, was Recht ist, sehr weit auseinanderklaffen.

b) Man weiß vermutlich auch, daß im Lauf von Kriegen, Bürgerkriegen, Revolutionen begangenes Unrecht besonders schwer zu ahnden ist. Es ist mit Rücksichtnahmen, ja Parteilichkeit der Richter zu rechnen, zumindest damit, daß die Unterlegenen die Urteile, ob zu Recht oder nicht, als Siegerjustiz empfinden. Modern gesprochen: die Möglichkeiten des Rechtsstaats geraten allzu leicht an ihre Grenze.

Wahrscheinlich muß man sich die ganze Schwierigkeit des Friedensschlusses in Zeiten, in denen ständig mit neuen Kriegen (oder Bürgerkriegen), in denen also aufs vielfältigste mit Rache zu rechnen war, vor Augen halten, um zu verstehen, warum der Friede nicht allzu sehr mit Gerechtigkeitsforderungen belastet werden durfte. So galt es dann für viele, »das Erlittene« als den eigenen »Theil Erdenschicksal« auf sich zu nehmen und die gegebene Realität nach einem »Gesetz der Verjährung«, das nicht einfach nach Jahren zählt, hinzunehmen.

3. Wenn politische Einheiten sich nicht vernichten können, müssen sie nach dem Krieg zusammenleben. Und dann müssen sie sich respektieren. Das aber heißt: sich und ihren Angehörigen einiges nachsehen, jedenfalls solange sie die höchsten Instanzen bilden (und nicht andere, wie etwa die Vereinten Nationen, über sich haben).

4. Unrecht, das man im Auftrag oder im Sinn des eigenen Staates, der eigenen Polis, des eigenen Fürsten, der eigenen Bürgerkriegs- oder Revolutionspartei begangen hat, noch dazu im Rahmen heftiger Kämpfe, oft unter Ausnahmebedingungen, läßt sich am allerschwersten einsehen und bereuen. Vor der Einsicht in das eigene Unrecht steht für die einen als eine große Barriere die Annahme der Rechtmäßigkeit staatlicher Ordnung und vom Staat legalisierter Befehle. Immerhin handelt es sich bei Kriegsverbrechern zumeist um Leute, die von Haus aus alles andere als kriminell sind, die, wenn die Regel wieder einkehrt, so brave Bürger sind, wie sie es auch zuvor schon gewesen waren und als die sich wohl die meisten von ihnen auch im Rahmen der verbrecherischen staatlichen Handlungen gefühlt haben. Bei den andern, den Bürgerkriegs- und Revolutionstätern, bringen Parteileiden-

schaft und Fanatismus ähnliche Abschirmungen mit sich. Dann bleibt immer noch bestehen, daß eine Reihe von Kriegsverbrechen zu verfolgen ist. Das aber ist in aller Regel Sache des eigenen Staates.

Gewiß mögen es einige von denen, die an staatlichem Unrecht beteiligt waren, fertigbringen, ihre Untaten, ihr Mitmachen zu verarbeiten. Aber in Fällen verbreiteter Beteiligung an großen Verbrechen kumuliert – und verschränkt – sich eher die Summe der Abwehrmechanismen zu inneren Sperren, reicht also kollektive Verdrängung in all ihren Formen (von Beschönigungen bis zu Schuldabwälzungen auf andere) ziemlich weit ins Denken der Einzelnen hinein. Das Erinnern wird in solchen Fällen auch allzu leicht Gegenstand von Parteiungen, vielleicht gar einer Fortsetzung des Bürgerkriegs unter Beimischung anderer Mittel. François Mitterrand sprach einmal vom »ewigen französischen Bürgerkrieg«, den er beenden wollte.

5. Das Selbstbewußtsein einer politischen Einheit ist offenbar besonders verletzlich. Anders gesagt, Staaten sind ganz besonders wenig geneigt, Fehler oder Verbrechen, die sie oder ihre Angehörigen in ihrem Namen begangen haben, einzugestehen. Einzelne haben es *ceteris paribus* leichter: für sie geht es nur um sie selbst, beim Staat aber geht es um ein Wesen, von dem unendlich vieles abhängt, das unendlich vieles schützen, für unendlich vieles gerade stehen soll. Auch wenn er es nicht unbedingt tut, der Anspruch ist gegeben. Außerdem ist er darauf angewiesen, daß sein Wille auch weiterhin von seinen Beauftragten ausgeführt wird. Entsprechend neigen Staaten (samt denen, die für sie zu Gericht sitzen) dazu, gegen Unrecht, das in ihrem Namen begangen worden ist, eher die Augen zu verschließen.

6. Friedensschlüsse und Versöhnungen nach heftigen Konflikten sind nur Beispiele für etwas, woran auch sonst Bedarf ist: gelegentlich neu anzufangen! Man kennt die Amnestien, die un-

mittelbar nach dem Regierungsantritt von Monarchen erlassen werden, in Preußen etwa von Friedrich Wilhelm IV. am 11. August 1840. Man kennt die Neujahrszeremonien, mit denen im alten Ägypten jeweils die Weltordnung neu begründet wird.

So scheint sich mir insgesamt für das Zeitalter von Polis, Staat und Revolution zu ergeben: Das eigentümlich starke Gewicht, das weithin auf Nicht-Erinnern oder Vergessen liegt, kann sich nicht auf die bloße Nicht-Verfolgung von Verbrechen beschränken. Es muß vielmehr wörtlich genommen werden, so sehr dieser Absicht etwas Utopisches anhaftet. Denn *perpetuum silentium*, »die Ereignisse betrachten, wie wenn sie nie geschehen wären« – wie soll das schon bewirkt werden? Trotzdem: Im Beschwören dieser Formeln bekundet sich offenbar, daß die Urheber dieser Verträge oder Beschlüsse das Ganze dessen wollten, was die verschiedenen Bedeutungen von »Vergessen« umfassen. Und warum sollen sie nicht einiges davon immer wieder auch erreicht haben, so prekär es war? Die Nicht-Verfolgung von Verbrechen marginalisiert in der Regel diejenigen, die Sühne oder gar Wiedergutmachung fordern. Wobei der christliche Glaube, solange er lebendig war, gelegentlich auch das Vergessen – und Vergeben – erleichterte.

Man muß sich fragen, wieweit hinter der Angst vor einem Wiederaufflammen des Hasses, vor künftiger Rache neben der Summe einschlägiger Erfahrungen auch das Bewußtsein der Unbegreiflichkeit des Zu-Erinnernden, der ganze Schauder vor einem gerade durchlebten abgründigen Geschehen, das Bewußtsein der Wehrlosigkeit ihm gegenüber die Seite derer stärkt, die zumindest zunächst einmal das Vergessen als geboten ansehen. Jedenfalls läuft es im Effekt darauf hinaus, daß es kaum möglich ist, durch Verarbeitung des eigenen Tuns und Lassens, durch Aufnahme des feindlichen Tuns und Lassens in das eigene Verstehen und durch Verknüpfung des einen mit dem andern jene

Distanz zu gewinnen, die allenfalls das Schlimme der Vergangenheit im Gedächtnis zu erhalten und trotzdem deren Positionen zu relativieren erlaubt. Das ist, wie man weiß, schon schwierig genug für fernere Zeiten (jedenfalls solange es noch ein Geschichtsbewußtsein gibt). Um so mehr ist es der Fall, solange die Vergangenheit noch nicht vergangen ist oder vergehen will.

Wenn diese Thesen richtig sind, so haben sich uralte, stets erneuerte Erfahrungen vereint, um das Vergessen in den genannten Fällen als die einzig probate Lösung nahezulegen. Es müssen starke neue Argumente oder Motive, vielleicht auch Hoffnungen auf Fortschritt aufkommen, um mit dieser Tradition zu brechen, einer Tradition, an die Churchill noch 1946 mit seiner Forderung nach einem *blessed act of oblivion* anschloß.

5. Deutschland seit 1945

Überblickt man die Geschichte des öffentlichen Umgangs mit schlimmer Vergangenheit, so ergibt sich – wenn ich nicht wesentliche Komplexe übersehen habe –, daß sich Deutschland seit 1945 in einer welthistorisch völlig neuen Situation befindet. Es war etwas geschehen, was in einem völlig neuen Sinn ungeheuerlich war; über alles hinaus, was die Weltgeschichte bis dahin an Kriegs-Untaten und Greueln gekannt hatte. Das Land war nicht nur militärisch und politisch, sondern auch moralisch zusammengebrochen. Es konnte nicht beanspruchen, ja war mangels Regierung nicht einmal dazu in der Lage, einen Friedensvertrag auszuhandeln, der es zwar Gebiete, Kontributionen und dergleichen hätte kosten können, es aber mit sich allein gelassen hätte, so daß es das im Krieg von ihm Angerichtete in einer Art Besiegtenstolz hätte beschweigen können.

Die Verfolgung all dessen, was damals vornehmlich als

»Kriegsverbrechen« firmierte, war unumgänglich. Und nahezu die gesamte deutsche Bevölkerung stand zunächst einmal im Verdacht, alle Gewalttaten, all das Unrecht des Regimes getragen, gefördert, ja mit ausgeübt zu haben. Keine Rede davon, daß man Hauptschuldige separieren und das Gros hätte in Ruhe lassen können.

Später, sehr zögerlich seit Ende der fünfziger Jahre und sehr allmählich zunehmend begann sich die Erinnerung an die Ermordung der europäischen Juden tiefer in das öffentliche Bewußtsein einzuprägen. Die Täter, soweit das noch möglich war, wurden, zunächst ebenfalls zögerlich, vor Gericht gestellt, und die Gesellschaft der Bundesrepublik rang sich mit der Zeit dazu durch, nicht nur anzuerkennen, was geschehen, sondern auch ernsthaft zu fragen, was alles daraus an Konsequenzen zu ziehen war.

Nur in einer nicht genau abzugrenzenden Zwischenzeit, konzentriert in den fünfziger Jahren, jedoch schon vorher ansetzend und danach erst allmählich auslaufend geschah das nach großen Katastrophen Normale: Man verdrängte und strebte nach Amnestie, nach Vergessen. Und hatte damit für eine lange Weile auch guten Erfolg.

*

Die Alliierten waren bereit, das Land, wenn auch verkleinert, bestehen zu lassen und ihm – im Westen – eine demokratische Zukunft zu ermöglichen. Zunächst aber hatten sie es nicht nur besetzt, sondern regierten es auch. Alle Forderungen nach Bestrafung Schuldiger konnten sie selber erfüllen, indem sie vor ihren Militärgerichten Anklage erhoben. Sie waren nicht darauf angewiesen, daß eine deutsche Regierung jemand auslieferte (was freilich nicht ausschloß, daß sich viele durch Flucht entzogen).

Andererseits kam es auch nicht zu jenen Exzessen unmittelbarer Ausübung von Rache, wie sie etwa in Frankreich und Italien nach dem Ende des Krieges stattfanden. Um es in einer Formulierung von Hellmut Becker zu sagen: »Man tötet so viele Menschen wie nur möglich in den ersten sechs Wochen, und dann vergißt man alles.« Joseph Rovan hat »mit einem gewissen historischen Zynismus« gemeint: »Nach dem Ende einer Diktatur … sollten Säuberungen kurz und blutig sein.« »Blutig, weil mit den Mitteln des Rechtsstaats das Erbe an Haß, Wut, Entrüstung und Verachtung nicht bewältigt werden kann, das die Tyrannei materiell und psychisch hinterläßt, und weil Terrorperioden, die aber so kurz wie möglich sein sollten, den nicht zu vermeidenden Übergang zur Amnestie erleichtern. Diesen braucht die Gesellschaft besonders dann, wenn die Gewaltherrschaft so lange gedauert hat, daß von den Bürgern nur wenige nicht in irgendeiner Weise kompromittiert, einbezogen, mitschuldig gemacht worden sind. Der blutige Aspekt der ›Säuberung‹ ist eine Art von Kollektivopfer, mit dem die Götter versöhnt werden sollen wie die Kinderopfer einst in Karthago.« Bei allem Ärger: Dazu war man in Deutschland vermutlich zu erschöpft, es hatte keine irgend breitere Widerstandsbewegung gegeben. Man hatte sich noch kaum herausgelöst aus dem Zusammenhang von Krieg und Nationalsozialismus. Übrigens hätten es die Alliierten auch nicht zugelassen.

Verfolgt werden sollten zum einen die Verbrechen im Krieg, die schon lange strafbar waren. Zum andern wurde wegen Verschwörung gegen den Frieden, Planung, Vorbereitung und Beginn eines Angriffskriegs ermittelt. Angriffskriege waren gemäß dem von vielen Staaten unterschriebenen Kelloggpakt von 1928 verboten. Indes hatte man dort keine Sanktionen vorgesehen. Schließlich sollten erstmals auch Verbrechen gegen die Menschheit *(crimes against humanity)* geahndet werden.

Alle vier Kategorien rangierten unter dem Oberbegriff

Kriegsverbrechen (wie ja übrigens auch nur Verbrechen während des Kriegs oder zu dessen Vorbereitung Gegenstand der Militärgerichtsbarkeit sein sollten). Von heute aus, wo der Mord an den europäischen Juden ganz im Vordergrund der Erinnerung steht, ist das schwer begreiflich.

Auf den von allen vier Mächten geführten Nürnberger Prozeß gegen die prominentesten Angeklagten, Hermann Göring und andere, folgten zwölf Nachfolgeprozesse vor einem amerikanischen Gericht in Nürnberg. Zudem waren zahlreiche Militärgerichte in den einzelnen Besatzungszonen tätig.

Die Zahl der in den drei westlichen Zonen vor Militärgerichten Angeklagten belief sich auf gut 5000. 668 Todesurteile wurden ausgesprochen, 486 vollstreckt. Zahlreiche weitere Verurteilungen fanden – vielfach aufgrund von Auslieferung durch die Besatzungsmächte – in westlichen Nachbarländern sowie in Polen statt. Für die Sowjetzone liegen nur Schätzungen vor. Dort wurde jedenfalls außer Kriegsverbrechern und Nazis eine ganze Reihe von Großgrundbesitzern, Fabrikanten, Rechtsanwälten und anderen verurteilt, verschleppt oder interniert; und zwar unabhängig davon, ob sie Nationalsozialisten (oder gar Kriegsverbrecher) gewesen waren, sie mochten auch Gegner des NS-Regimes gewesen sein. Damit sowie durch Eingriffe in das Eigentum wollte man die »strukturellen Voraussetzungen« für »Faschismus« beseitigen.

Außer vor Militärgerichten wurden Verbrechen, die im Rahmen des NS-Regimes gegen Deutsche begangen worden waren, auch vor deutschen Gerichten verhandelt. Es kam, was oft übersehen wird, auch dort zu einer ganzen Reihe von Verurteilungen. Klaus-Dietmar Henke spricht von energischer Strafverfolgung.

Neben der Verfolgung der Kriegsverbrecher vollzog sich die Überprüfung der gesamten Bevölkerung auf ihre Beteiligung am Nationalsozialismus und seinem Unrechtsregime. Eine Art

Säuberung der deutschen Gesellschaft sollte folgen; in den verschiedenen Besatzungszonen in verschiedener Konsequenz und Intensität. Dazu wurden Hunderte von Spruchkammern eingesetzt, deren Mitglieder mit den Vorgängen in den verschiedenen Städten und Landkreisen vertraut sein sollten.

Diese Entnazifizierung zeitigte wenig Erfolg. Es war eine riesige Menge von Fällen zu untersuchen. 950 000 kamen allein in der amerikanischen Besatzungszone zur Verhandlung. In weniger als drei Prozent davon erfolgte eine Einstufung in die Kategorien der Hauptschuldigen oder der Belasteten. Die weit überwiegende Mehrheit kam als Mitläufer oder Unbelasteter davon. »Schließlich verschmolzen Säuberung und Rehabilitation in einen und denselben Vorgang.« Denn die Spruchkammern hatten sich rasch veranlaßt gesehen, vordringlich die große Zahl der kleinen Nazis zu überprüfen. Es war gegen sie ein befristetes Verbot ausgesprochen worden, ihre Berufe auszuüben. Nun drängten sie auf rasche Entscheidung ihrer Fälle. Als schließlich gegen die mutmaßlichen Hauptschuldigen und Belasteten verhandelt wurde, hatte der Wind schon gedreht, und sie kamen zumeist glimpflich davon; abgesehen davon, daß sie zwei, drei Jahre hatten einsitzen müssen.

In diesem Zusammenhang war es, daß eine »Exkulpationssolidarität« (Kielmansegg) sich ausbreitete. Man schrieb sich gegenseitig »Persilscheine«. Man wehrte sich dagegen, infragegestellt, ja umerzogen zu werden. Die Kriegsgegnerschaft verlängerte sich in die Nachkriegszeit hinein. Man fand sich weitgehend den Alliierten aufs neue konfrontiert und zunehmend gegen sie eingenommen. Es spricht für die Richtigkeit der alten Regel, die Hauptschuldigen zu verfolgen, das Gros aber in Ruhe zu lassen, daß die Abweichung davon nicht zum Ziel führte. Indes könnte man sich fragen, ob nicht die Herauslösung vieler alter Nazis aus ihren Stellungen, die Ungewißheit über ihre

Zukunft, die Angst, aufs Ganze gesehen, eine nützliche Vorbereitung auf die Einordnung in die Demokratie dargestellt hat.

Schon 1947 hatte Eugen Kogon vom »Recht auf Irrtum« geschrieben und die Problematik auf die einfache Formel gebracht, man könne die Nazis »nur töten oder gewinnen, anders sollten nach den Erfahrungen der Weltgeschichte Feinde nie behandelt werden«. Immerhin sollte in den Gemeinden, in den Kreisen und Ländern, schließlich in der zu begründenden Bundesrepublik eine Demokratie aufgebaut werden. Die Parteien waren darauf angewiesen, um Anhänger und Wähler zu werben. Man konnte größeren Teilen der Bürgerschaft so leicht nicht die staatsbürgerlichen Rechte verweigern.

Als 1948 die Spannungen zwischen Ost und West zunahmen, als der Kalte Krieg sich abzuzeichnen begann, drängten auch die Amerikaner auf Beendigung der Verfahren. Die Deutschen der drei westlichen Zonen wurden gebraucht. Mit dem Koreakrieg 1950 wurde auch die Aufstellung deutscher Streitkräfte aktuell.

*

Innerhalb der ersten Phase der Nachkriegsgeschichte des Erinnerns, die damit zu Ende ging, hatte es zunächst durchaus eine »kurze Phase der moralischen ›Dünnhäutigkeit‹« (Dolf Sternberger) gegeben. Im Moment der schockartig offenbar werdenden Niederlage einer lange siegreichen Macht können Angst und Schuldbewußtsein sich gegenseitig steigern. Zumal dann, wenn man wirklich ganz am Boden liegt. Das Reich brach zusammen, seine eindeutige Schuld an der Eröffnung des Kriegs war kaum zu leugnen, die Ungeheuerlichkeit der Verbrechen, die von den Deutschen oder in ihrem Auftrag während des Kriegs begangen worden waren, muß vielen im Nacken gesessen haben. Damit war jenseits von Sieg und Niederlage eine starke moralische Asymmetrie zwischen den Kriegsgegnern vermacht. Die Sieger hatten einigen Grund, im Namen der Menschheit zu strafen. In der ersten Nachkriegszeit muß das trotz allen Widerstrebens in irgendeinem Ausmaß auch den Deutschen bewußt gewesen sein.

Dann jedoch – nicht viel später – gab die Inanspruchnahme durch die Nöte der Gegenwart, Alltag und Gewöhnung einem trotzigen Sich-Verhärten Auftrieb. Es erholte sich das »für ein Fortleben unerläßliche Selbstgefühl« (Mitscherlich). Daß man sich von den Alliierten bedrängt fühlte, tat ein Übriges. So trat an die Stelle der moralischen »Dünnhäutigkeit« »vitale Vergeßlichkeit« (ebenfalls Sternberger).

*

Die Gründung der Bundesrepublik sodann basierte zwar einerseits auf der Übereinstimmung darüber, daß nie wieder ein Unrechtsregime wie das nationalsozialistische entstehen dürfe. Und es war und blieb klar, daß das neue Deutschland die ungeheuerlichen Verbrechen des alten eindeutig verurteilte. Das betraf das Geschehen im ganzen. Was aber diejenigen anging, die Verbrechen befohlen und ausgeführt hatten, verhielten sich die Dinge anders. Da kam der Gedanke einer Amnestie sehr rasch auf die Tagesordnung. »Am Anfang war die Amnestie«, hat Nobert Frei für die Bundesrepublik formuliert. In Adenauers Regierungserklärung vom 28. September 1949 hieß es, mit der Entnazifizierung sei »viel Unglück und viel Unheil« angerichtet worden. Wohl seien die »wirklich Schuldigen« an den Verbrechen mit aller Strenge zu bestrafen. Aber die Unterscheidung zwischen »politisch Einwandfreien« und »Nichteinwandfreien« müsse »baldigst verschwinden«. Krieg und Nachkriegswirren hätten für viele so harte Prüfungen und Versuchungen gebracht, daß man für manche Verfehlungen und Vergehen Verständnis aufbringen müsse. Wo es ihr vertretbar erscheine, sei die Bundesregierung daher entschlossen, »Vergangenes vergangen sein zu lassen«.

Diese Formel entsprach der athenischen von 404/3 v. Chr. Adenauer war sorgfältig darauf bedacht, klarzustellen, daß die überwiegende Mehrheit der Deutschen an den Verbrechen nicht teilgehabt hatte.

Die erste, bald beschlossene und auch von den Alliierten genehmigte Amnestie kam unter anderm der großen Zahl derer zugute, welche wegen schweren Landfriedensbruchs und ähnlicher Delikte aus Anlaß der Ausschreitungen gegen die Juden in der »Reichskristallnacht« 1938 verurteilt worden waren oder Strafen zu gewärtigen hatten. Weitere Amnestien folgten. Die Rede vom »Schlußstrich«, der »endlich« unter die Verbrechen der NS-Zeit gezogen werden müsse – ein nachträgliches Äquivalent gleichsam für das Nicht-Erinnern –, war schon älter und sollte dann, bald immer mehr auf den Mord an den Juden konzentriert, noch über Jahrzehnte hin die Geschichte der Bundesrepublik begleiten.

Über die von den Alliierten Verurteilten aber, die, sei es auf ihre Hinrichtung warteten, sei es Haftstrafen absaßen, konnte die deutsche Regierung nicht verfügen. Sie hätte sich für viele von ihnen so leicht auch nicht offen verwenden können. Immerhin wurde die Bundesrepublik von außen aufmerksam und mißtrauisch beäugt. Und eine gewisse Sorge vor einem Rückfall in den Nazismus war noch lange lebendig.

Dafür gab es vielerlei Bemühungen, die Alliierten zu veranlassen, Strafen abzumildern, insbesondere die Todesstrafe, und Gefangene freizulassen. Sobald die Wiederbewaffnung auf die Tagesordnung kam, erklärten einige wichtige unter den vorgesehenen Generalen, sie könnten nicht eine Armee aufstellen, solange noch Kameraden von ihnen im Gefängnis säßen. Das Ergebnis war, daß nur mehr wenige Todesurteile vollstreckt wurden und 1958, also dreizehn Jahre nach Kriegsende, alle von Militärgerichten in Deutschland Verurteilten wieder in Freiheit waren – außer den in Spandau unter Viermächtekontrolle einsitzenden, die im Nürnberger Prozeß gegen die prominenten Männer des NS-Regimes und seiner Kriegführung zu Haftstrafen verurteilt worden waren. Auch Führer von Einsatzgruppen, die im großen Stil Juden gemordet hatten, wurden begnadigt.

Man kann zeigen, wie kleine Parteien, Lobbys, auch einzelne Persönlichkeiten auf Amnestie oder Begnadigung hingewirkt haben. Die Frage ist, ob die Erfolge, welche sie erzielten, möglich gewesen wären, wenn sie sich nicht auf eine weitverbreitete Identifikation mit den »eigenen Leuten«, den »Kameraden«, den »Kriegsgefangenen« hätten stützen können. Wobei der überdehnte Begriff der Kriegsverbrecher hilfreich war. Unter diesem Rubrum konnten auch die, die sich der Verbrechen gegen die Menschheit schuldig gemacht hatten, Gnade erhalten; so skandalös das war. Die Urteile der Alliierten trugen für viele den Makel der Siegerjustiz.

Sehr früh begann zu wirken, was bis in die neunziger Jahre hinein vorherrschend blieb: Die Solidarität der Deutschen mit der Wehrmacht. In ihren Reihen hatten die Männer unter hohen Einsätzen lange Zeit mit beachtlichen Erfolgen gekämpft, waren Millionen gefallen oder mehr oder weniger stark verwundet worden; eine große Zahl von Soldaten befand sich in Kriegsgefangenschaft, zumal in der Sowjetunion. Man hatte in der Wehrmacht Väter, Söhne, Ehegatten, Brüder, Freunde verloren. Das Opfer, das Millionen von ihnen – in mehr oder weniger gutem Glauben – für das Land gebracht hatten, wirkte wie ein Vermächtnis. Im Endergebnis war alles, was diese Wehrmacht geleistet hatte, umsonst gewesen. Nun durfte es wenigstens nicht auch noch verbrecherisch gewesen sein. Man tendierte dahin, deutlich zwischen ihr und dem Nationalsozialismus zu unterscheiden. So konnte die Wehrmacht im Gedächtnis bestehen. Wenn die, die im Felde waren, nicht ganz verdrängt hatten, was sie vielfach wußten, ohne es recht wissen zu wollen, an wie vielen Verbrechen nämlich auch viele von ihnen direkt oder indirekt beteiligt gewesen waren, so hatten sie um so mehr Anlaß, die von den Gerichten verurteilten »Kriegsverbrecher« als Kameraden zu empfinden.

Aber vermutlich sind solche und andere Erklärungen noch zu kurz gegriffen, wenn man verstehen will, warum sich die bundesrepublikanische Gesellschaft gegenüber der Erinnerung an die Verbrechen der NS-Zeit einigelte und sie weithin beschwieg und verdrängte. Man muß sich jedenfalls fragen, ob da nicht in einer Weise und in einem Ausmaß, das von heute her sehr schwer zu verstehen ist, tief gründende Mechanismen wirkten. Alexander und Margarete Mitscherlich haben von der »Unfähigkeit zu trauern« gesprochen. Das war zunächst einmal eine objektive Diagnose: Die Deutschen hätten sich 1945 eine Trauerarbeit gar nicht leisten können. Sie wären sonst massenhaft in Melancholie verfallen, und das hätte sie lebensunfähig gemacht. Es seien geradezu »biologisch vorbereitete Selbstschutzmechanismen« am Werke gewesen. Kein Vorwurf ist insoweit angebracht. Man muß das etwas modifizieren. Denn der erste große Schock nach der Niederlage, die völlige Unsicherheit, die Angst hatten die Deutschen ja zunächst wehrlos auch gegen das eigene schlechte Gewissen gemacht. Daher ja die Beschämung, die »moralische ›Dünnhäutigkeit‹«.

Sobald man jedoch wieder stärker zu sich kam, begannen die Schutzmechanismen zu greifen. Arthur Koestler hat das 1953 sehr eindrucksvoll beschrieben: »Die volle Wahrheit ist in das Bewußtsein der Nation nicht eingedrungen und wird vermutlich niemals eindringen, weil sie einfach zu fürchterlich ist, als daß man ihr offen ins Antlitz blicken könnte. Die Last der Schuld wäre, wenn man sie erst einmal in das Bewußtsein eintreten ließe, einfach zu schwer zu tragen, sie würde den Stolz der Nation zerschmettern … Viele gutwillige und intelligente Deutsche reagieren deshalb, wenn man in ihrer Gegenwart auf Auschwitz und Belsen zu sprechen kommt, mit eisernem Schweigen und mit dem gekränkten Gesichtsausdruck einer viktorianischen Lady, in deren Gegenwart man das anstößige Wort ›Geschlecht‹ erwähnt hat und der es nicht in den Kopf will, daß das ›Geschlechtliche‹ nun eben existiert; über solche Dinge redet man einfach nicht, und damit punktum. Andere wieder werden entweder die Fakten abstreiten oder sie als sinnlos übertrieben bezeichnen oder sie werden im gleichen Atemzug mehrere einander widersprechende Argumente vorbringen, ohne sich dieser Widersprüche bewußt zu werden. – Das Bemerkenswerte an dieser Reaktionsweise ist, daß sie einen unbewußten Schuldkomplex auch bei denen erkennen läßt, die keinerlei Anteil an den Morden hatten, das heißt bei der überwiegenden Mehrheit der Deutschen … Das ›politische Unterbewußtsein‹ … übernimmt ganz automatisch einen kollektiven Verantwortungsanteil an den Siegen und Niederlagen der Nation, an ihrer Ehre und an ihrer Schuld …«

Nachträglich kann man den damaligen Deutschen vorhalten, was alles sie versäumt haben. Bedenkt man es von heute her, so können einem die Haare zu Berge stehen. »Das Schweigen dieses Volkes ist das Unheimliche. Das Schweigen dieses Volkes ist das Entsetzliche, dieses Schweigen ist noch entsetzlicher als die Verbrechen selbst«, hat Thomas Bernhard formuliert, freilich nicht speziell für das Deutschland der fünfziger Jahre. Aber es wurde nicht nur geschwiegen, sondern es wurden auch die Dinge auf den Kopf gestellt.

Konrad Adenauer konnte sich empören: »Wir Deutsche sind wirklich ein komisches Volk. Wir meinen, wir haben es vergessen, und jetzt müßte das auch bei den anderen vergessen sein. Wenn zum Beispiel in einer sehr angesehenen deutschen politischen Zeitung vor zwei Tagen zu lesen war, es sei jetzt an den Alliierten, dafür zu sorgen, daß das deutsche Vertrauen zu ihnen wieder stärker würde ..., dann greife ich mir an den Kopf geradezu und sage mir immer wieder: Wer hat eigentlich den Krieg gewonnen? Wer hat ihn angefangen ...?« Hermann Ehlers sprach schon Ende 1951 von dem Versuch, »eine Kollektivunschuld zu propagieren«. »Heute hat das ganze Orchester der summarischen Freisprechung alles dessen, was deutsch ist, eingesetzt und fordert Gehör.«

Man kann genügend Beispiele anführen, um zu illustrieren, was alles damals – von heute her gesehen – fehllief. Gern weist man auf die »Wiederkehr der Gestrigen« (Kogon), unzähliger Belasteter also in Beamtenstellungen. Gut bekannt wurden bald die Fälle der zahlreichen Nazi-Richter, deren Aufdeckung sich die DDR besonders angelegen sein ließ. Aber auch etwa zehn Prozent derer, die seit den sechziger Jahren als Mörder und Mordgehilfen verurteilt wurden, waren in der Bundesrepublik zuvor als Polizeibeamte, zum Teil in hohen Stellungen untergekommen. Sehr viele Fälle sollten erst sehr spät, bei der Bearbeitung der Geschichte von Behörden, bekannt werden. Peter Graf Kielmansegg hat gemeint, man hätte Richter, Professoren, Beamte der Ministerien und Verwaltungen vor der Wiedereinstellung einer Überprüfung unterziehen sollen wie dann später die höheren Offiziere der Bundeswehr. Angesichts der herrschenden »Vergangenheitskumpanei« (Thomas Kielinger) ist aber ganz ungewiß, was dabei herausgekommen wäre. Es ist etwas sehr anderes, zentral eine kleinere Zahl von Offizieren zu prüfen oder über die ganze Republik hin weite Kreise von Beamten.

Wohl waren die »Gestrigen« durchaus bereit und fähig, sich an die neuen Gegebenheiten anzupassen. Die volle Einbeziehung in die Gesellschaft der Bundesrepublik setzte die Akzeptierung der Demokratie und die pauschale Distanzierung vom NS-Regime voraus. Aber das bedeutete nicht auch schon eine Besinnung auf das, was dieses Regime alles angerichtet oder was man selbst dazu beigetragen hatte; was man selbst in ihm gewesen war. Unter dem Mantel pauschaler Distanzierung wurde die Vergangenheit vielmehr unter der Decke gehalten. So daß sie mühe-, ja gedankenlos in diesem und jenem fortgesetzt werden konnte.

Nach Krieg und Zusammenbruch wurde nichts sehnlicher gewünscht als die Rückkehr zur Normalität. Und in die wurde dann nicht wenig von dem, was man sich als normal anzusehen gewöhnt hatte, mit hineingenommen. Besonders beschämend war zum Teil der Umgang mit den Opfern und ihren Hinterbliebenen.

Als Beispiel ließe sich etwa das Schicksal des vom bayerischen Ministerpräsidenten 1946 eingesetzten Staatskommissars für rassisch, religiös und politisch Verfolgte, Philipp Auerbach, nennen. Mit aller Energie setzte er sich für die ihm Anbefohlenen ein, übte offene Kritik, nahm Einfluß auf die Ausarbeitung des Entschädigungsgesetzes. Seine Arbeit war so störend, daß der bayerische Justizminister ihm einen Staatsanwalt auf die Spur setzte, der belastendes Material sammeln sollte. Der Verdacht des Betrugs und der Urkundenfälschung bestätigte sich nicht, aber man konnte dem ehemaligen Auschwitz- und Buchenwald-Häftling Bagatellen wie das unrechtmäßige Führen eines Doktortitels vorwerfen und ihn zu zweieinhalb Jahren Gefängnis verurteilen. Richter, Staatsanwälte und psychiatrische Sachverständige waren allesamt NSDAP-Mitglieder. Am 16. August 1952 starb er an einer Überdosis Schlaftabletten. Männer wie Rechtsanwalt Otto Küster kämpften verzweifelt mit der weitgehend aus alten Nazis zusammengesetzten Bürokratie um die volle Anerkennung der – gesetzlich vorgesehenen – Entschädigungsansprüche der Juden.

Adenauer hat sich lange überlegt, wie er die »Wiedergutmachung« für die Juden vor den Bundestag bringen könnte. Schließlich brauchte er, um sie durchzusetzen, Stimmen aus der SPD-Opposition, weil ihm die eigene Koalition nicht genügend bot.

Ohne daß man die Reihe dieser Beispiele verlängern müßte, ist der Tatbestand des Schweigens, der Schäbigkeit gegenüber den Opfern und deren Hinterbliebenen und des Sich-Breitmachens alter Nazis in zahlreichen führenden Stellen unverkennbar. Auch der »fast vollständige Stillstand aller Bemühungen, die Verbrechen des Dritten Reiches zu ahnden«. Seit der Mitte der fünfziger Jahre begannen sich Enthüllungen und Skandale zu mehren und in der Öffentlichkeit regte sich endlich eine zunehmende Sensibilität.

Aber wie immer dem im einzelnen gewesen sein mag und was immer man in diesem und jenem durchaus hätte besser machen können: Aufs Ganze gesehen fragt sich, ob der Gesellschaft in den ersten Jahren der Bundesrepublik etwas anderes übrig blieb, als in dieser Situation zunächst einmal abzuschalten, sich taub zu stellen und das Geschehene zu beschweigen (wovon dann die von Ehlers zornig gegeißelte Behauptung der Kollektivunschuld nur gleichsam ein Extrem bildete).

Man sah sich vor der Notwendigkeit, das Land nach all den Verwüstungen des Kriegs wieder aufzubauen. Das war eine willkommene Gelegenheit, sich derart in die Arbeit zu stürzen, daß einem dabei Hören und Sehen vergehen konnte. Der Erfolg sprach für sich. Insofern befolgte man Churchills Rezept, ohne es freilich mit der Bedingung ernstzunehmen, daß die Schuldigen bestraft werden müßten.

Auf diese Weise gelang es, das andere, das bessere Deutschland zu spielen. Das heißt den Nazismus samt seinen Untaten gleichsam von sich abzuspalten (als ob man nicht dabei, geschweige denn mitschuldig gewesen wäre). So konnten, was wichtig war, Nation und Kirche, Universität und Schule, Wirtschaft, bürgerliche Wohlanständigkeit und anderes als Aktivposten in den neuen Staat mit hineingenommen werden. Man wagt kaum, sich vorzustellen, was gewesen wäre, wenn unser heutiges Wissen über das ganze Ausmaß der Belastungen damals vorhanden gewesen wäre und viele Autoritäten ihres Glanzes beraubt hätte.

Das nur allzu verständliche »Bedürfnis nach ›sittlicher‹ Restabilisierung« (Ulrich Herbert) knüpfte einfach an alte Grundsätze und Regeln neu an. Man schlug gleichsam eine Brücke über den Abgrund der zwölf Jahre und hielt sich, um es zu wiederholen, an das andere, das bessere Deutschland.

Wenn sich in der langen Geschichte des Nicht-Erinnerns nach Krieg, Bürgerkrieg und Revolution eine Weisheit niedergeschlagen hat, so könnte sie sich, auf welchen Wegen immer, auch hier durchgesetzt haben. Es ging – bei allen Neuerungen, zu denen auch die Adenauerzeit durchaus imstande war – in diesem Punkt um Restauration. Das war die Voraussetzung des Neuanfangs. Vielleicht konnte es gar nicht anders sein.

Das Streben nach Vergessen war jedenfalls, so möchte ich behaupten, nur natürlich. Wenn uns das heute als skandalös erscheint, so deswegen, weil wir inzwischen sehr genau wissen, was damals verdrängt wurde. Weil wir wissen, daß es gar nicht zu vergessen ist. Wobei mit »wir« nicht nur Einzelne oder begrenzte Kreise gemeint sind, sondern eine Mehrheit, jedenfalls die Träger einer in der öffentlichen Artikulation vorherrschenden Meinung.

Damals aber muß es gerade das ungeheuerliche, welthistorisch Einzigartige der deutschen Verbrechen gewesen sein, was den Drang zu vergessen zunächst unwiderstehlich machte. Auch die alte Regel, Hauptschuldige zu bestrafen, als Sündenböcke zu nehmen, damit das Gros verschont, also frei sein konnte, war ja angesichts der weiten Beteiligung an den Verbrechen allenfalls in engen Grenzen anwendbar. Und auch das sprach nach meinem

Urteil stark dafür, das Vergangene zunächst einmal vergangen sein zu lassen.

Gerade weil die Verbrechen so außerordentlich waren, kann man so leicht nicht annehmen, daß für die damalige Generation überhaupt – zumindest daß in so kurzer Frist – die Möglichkeit bestanden hätte, sich ihnen zu stellen. Vielmehr hätte das, wenn einer es getan und sich darüber öffentlich geäußert hätte, zugleich von andern, am Ende gar stärker Belasteten, als Zumutung empfunden werden müssen. Er hätte sich bald isoliert gesehen. Keiner wollte, keiner konnte so einfach aus dem Glied dieser Solidarität heraustreten; sie stellte ein ungeheuer starkes Band dar. Man durfte nicht an etwas rühren, was die Voraussetzung des neu zu begründenden Zusammenlebens gewesen ist.

Wenn es schon für den Einzelnen schwer genug ist, eigene Fehler, von Verbrechen ganz zu schweigen, zuzugeben, wie viel schwerer muß es sein, wenn die ganze Gesellschaft derer, die in ein verbrecherisches Geschehen verquickt waren, sich dem nachträglich konfrontiert sieht? Fast jeder »wußte« irgendwie (ohne unbedingt Gewissenserforschung treiben zu müssen), wo überall er mitgemacht, was er unter Umständen begangen hatte, was er zumindest an Kompromissen und Konzessionen sich geleistet hatte, an Blindheit und moralischer Betäubung. Und von andern wußte er es auch. Wenn nicht bewußt, so mußten doch dem Gespür nach sie alle sich darüber im klaren sein, wie viele Leichen da noch im Keller waren.

All das, was man bei einigem Anstand und Verantwortung von sich zu halten hat, war beeinträchtigt gewesen. Und viele haben sich doch wahrhaft auch geschämt (daß sie das mit polternden Unschuldsbeteuerungen kompensierten, ändert nichts daran). Sollten, konnten sie dem nachgeben? Sollten, konnten sie es nach außen dringen lassen? Wie hätten sie, derart entlarvt, miteinander weiterleben wollen? Wie sich aufeinander verlassen?

Wie sich gegenseitig befragen und allesamt sich in Frage stellen lassen? Auch die Emigranten, sofern sie zurückgekehrt waren, fügten sich zumeist der allgemeinen Strömung, die meisten kehrten gar nicht erst heim. Jüngere Generationen konnten sich noch nicht zu Wort melden.

Gewiß, man hätte zumindest gegen viele Schuldige Anklage erheben können. Aber wie wäre das gegangen, wenn man andererseits die schon Verurteilten begnadigt sehen wollte?

Es gab keine Partei, die sich der Aufklärung hätte annehmen können. Das gilt *mutatis mutandis* auch für die Sowjetische Besatzungszone respektive DDR, wo die heimgekehrten Kommunisten weniger Aufklärung als Instrumentalisierung der NS-Vergangenheit betrieben. Auch haben gerade viele unter denjenigen, die sich wenig oder nichts vorzuwerfen hatten, wenig Sinn dafür gehabt, wie stark ganz Deutschland in das NS-Regime und seine Verbrechen verwickelt gewesen ist. Nachdem sie sich genug darüber geärgert hatten, wollten sie nicht auch noch, daß das ganze Land mit diesen Untaten behaftet war.

Zudem wurde von außen kaum mehr verlangt als die übliche klare Distanzierung vom NS-Regime. Israel seinerseits brauchte erst einmal Ruhe. Bis zum Eichmann-Prozeß 1961 gab es dort kein irgend nennenswertes Bedürfnis, öffentlich an der Erinnerung an Auschwitz zu arbeiten. Die Alliierten übten keinen Druck mehr aus. Es ging ihnen um die Verteidigung der freien Welt. Die Deutschen fanden sich in einer Front mit ihnen im Zeichen des Antitotalitarismus. Damit wurde Hitler mit Stalin zugleich auf die Gegenseite transportiert (übrigens auch der Anschluß gefunden an den Krieg gegen die Sowjetunion).

Erstaunlich schnell gelang es der Bundesrepublik, wieder ein geachtetes Glied in der westlichen Völkerfamilie zu werden. Mußte man sich da nicht gedrängt sehen, ein einigermaßen blank geputztes Bild abzugeben – anstatt »das eigene Nest zu beschmutzen«? Überall herrschte die Tendenz vor, den Zweiten Weltkrieg hinter sich zu lassen. Aller Anlaß also, möglichst wenig auffällig zu werden. Das heißt auch, sorgfältig darauf zu sehen, daß die eigene Schande nicht hochkam.

*

Theodor Heuss mahnte bei der Einweihung des Gedenksteins auf dem Boden des ehemaligen KZ Bergen-Belsen am 30. November 1952: »Wir Deutschen wollen, sollen und müssen … tapfer zu sein lernen gegenüber der Wahrheit …« Er wandte sich gegen die, die gern erzählten: »Wir haben von alledem nichts gewußt«, und setzte dagegen: »Wir *haben* von den Dingen gewußt.« Und so ließen sich noch mehrere bedeutende Reden des ersten Bundespräsidenten anführen, nicht zuletzt die zum 10. Jahrestag des 20. Juli in Berlin 1954, in der er ein damals besonders heißes Eisen anpackte, da immer wieder Stauffenberg und seinen Verbündeten Eidbruch vorgeworfen wurde. Wo man sich allgemein und mit Recht gegen die – indes so häufig gar nicht vertretene – These von der Kollektivschuld der Deutschen wehrte, bestand Heuss auf der notwendigen Kollektivscham.

Er selbst und andere haben gerungen um das, was man damals »Vergangenheitsbewältigung« zu nennen sich angewöhnte. Was übrigens sehr eigenartig ist. Ganz abgesehen davon, daß insgesamt schwer vorstellbar ist, wie man eine Vergangenheit »bewältigen« kann, ist es doch befremdlich, daß dieses Wort ausgerechnet angesichts einer Vergangenheit aufkam, die beim besten Willen nicht zu bewältigen ist; die die Menschheit nicht auf sich beruhen lassen kann. Adorno hat sich auch gegen den Begriff der »Aufarbeitung der Vergangenheit« gewandt; hier würde ich aber unterscheiden: Wo es gegen die Schuldigen geht, gibt es für Staatsanwälte und Richter ein Pensum, das zweifellos aufgearbeitet werden muß.

Auf andere Weise kann sich Historikern die Aufgabe stellen, die Quellen durchzuarbeiten und über das Geschehene Klarheit zu schaffen. Auch für sie also gibt es etwas »aufzuarbeiten«. Anders als Staatsanwälte und Richter können sie damit aber, wenn es sich um ein unfaßbares Geschehen handelt, nicht fertig werden. Dasselbe hat von der Gesellschaft im ganzen zu gelten. Für sie kann es nur darum gehen, daß in ihr die Bereitschaft heranwächst, sich der Vergangenheit in all ihren Schrecken zu stellen. Das heißt sie zur Kenntnis, sie wahr zu nehmen, sich klar zu machen, was sie bedeutet (für sie selbst wie für andere), so sehr, daß sich daraus Konsequenzen ziehen lassen – für das Denken, das Reden, das Handeln. An die Stelle des Beschweigens und Verdrängens kann dann in irgendeiner Weise die Einlagerung in das öffentliche Bewußtsein treten. Damit ist eine Vergangenheit wie die deutsche nicht »aufgearbeitet«. Aber der Prozeß der Arbeit an ihr hat eine gewisse Schwelle überschritten. Das kann geschehen. Und darum geht es. Auschwitz als Vergangenheit ist also weder zu bewältigen noch aufzuarbeiten. Man kann sich ihm nur immer neu konfrontieren, sich ihm aussetzen, an der Erinnerung arbeiten. Man wird es nicht los.

Sowohl »bewältigen« als auch »aufarbeiten« weisen im Falle der NS-Vergangenheit auf einen unerfüllbaren Wunsch: Daß sie auf einem langen Weg dahin führen könnten, wozu kein Federkiel zu dienen vermag, nämlich zu dem so sehr ersehnten Schlußstrich. Adenauer muß, wenn das Zeugnis von Hans Ulrich Kempski zuverlässig ist, 21 Jahre nach Kriegsende gefunden haben, daß man »diese Zeit nun in Vergessenheit geraten lassen« sollte; so beim Israel-Besuch im Mai 1966. Anders Heuss. Denn was er sechs Jahre vorher nach seinem Israel-Besuch (am 28. Juni 1960) erklärt hatte, hätte er auch später kaum zurückgenommen: »Was ich hier sage, das gefällt vielen Leuten nicht. Die sagen: Schluß Schluß Schluß mit der Geschichte! Das ist uns nicht erlaubt – um unseretwillen nicht!« Ob jemand damals wußte, was das erforderte und bedeutete in den nächsten Jahrzehnten, wüßte man gerne.

Kurz, ich möchte mit allem Nachdruck fragen, ob in den fünfziger Jahren, zumindest bis 1958, die Wahrheit über die NS-Vergangenheit wirklich zumutbar war. Wäre die damalige bundesrepublikanische Gesellschaft dadurch nicht stark überfordert gewesen? Wobei man sich streiten kann, ob sie überfordert war, weil sie verstockt, oder verstockt, weil sie überfordert war.

Da kein Zwang von außen – oder von starken Kräften im Innern – ausgeübt wurde, mußte meiner Vermutung nach die Gesellschaft zunächst einmal zur Ruhe kommen, damit die Arbeit an der NS-Vergangenheit Aussicht auf Resonanz und Wirkung gewann. Das heißt, es mußte erst einige Zeit verstreichen. Es mußte Abstand gewonnen, Verhärtungen mußten aufgeweicht, Solidarisierungen gelockert, die Nachwirkungen alter Freund/Feindorientierungen, Befangenheit in alten Auffassungen abgebaut werden. Vielleicht mußte auch erst eine Abfederung in wachsender Sicherheit (auch wachsendem Wohlstand?) gewährleistet sein – damit Besinnung eintreten und sich verbreiten konnte. Damit die Einsicht, daß Staatsmorde nicht einfach Naturkatastrophen, sondern von Menschen zu verantworten sind, weitere Kreise ziehen konnte. Insofern scheint mir vieles darauf hinzuweisen, daß Untaten größten Stils zumindest so lange zu beschweigen sind, bis man aus ihrem unmittelbaren Schatten heraus ist.

Wenn sich bei der Konfrontation mit schlimmer Vergangenheit stets eine Alternative zwischen Gerechtigkeit und Frieden auftut, so stand hier weniger der Friede als die Integration der aus allen Gleisen geratenen westdeutschen Gesellschaft, vielleicht auch die Festigung der Demokratie auf dem Spiel. Es ist keineswegs auszuschließen, daß das lange Schweigen die Voraussetzung dafür gewesen ist, daß die Arbeit an der NS-Vergangenheit in den folgenden Jahren zwar immer noch unendlich mühsam, aber letztlich erfolgreich vorgenommen werden konnte.

*

Aber wie dem auch sei, jedenfalls trat auch nach dem Zweiten Weltkrieg, obzwar nicht sofort und durchschlagend, das Übliche ein: Das öffentliche Vergessen des Schlimmen. Als die letzten »Kriegsverbrecher« freigekommen waren, 1958, war de facto Amnestie erreicht. Dabei hätte es bleiben können, wenn es nur um Krieg und Kriegsverbrechen gegangen wäre.

Allein, Krieg und Kriegsverbrechen wurden je länger je mehr weit überragt vom Mord an den europäischen Juden, von Auschwitz, wie man zunächst sagte, bevor sich Holocaust und Shoa danebenschoben. Dafür konnte es auf die Dauer kein Vergessen geben. Sobald aber die NS-Verbrechen, soweit es noch ging, vor Gericht gezogen wurden, kamen auch die Kriegsverbrechen wieder neu auf die Tagesordnung.

*

Eigentümlicherweise begann die unvergleichlich schwerere Erbschaft des NS-Regimes im selben Jahr, in dem die letzten in Deutschland inhaftierten Kriegsverbrecher (außer denen in Spandau) freikamen, von neuem zum Problem zu werden – der Mord an den Juden.

Der Anfang ist geradezu emblematisch: Ein ehemaliger Polizeidirektor hatte auf Wiedereinstellung nach Artikel 131 GG geklagt. Das hielt er für sein gutes Recht; gerade wie die Dinge in den fünfziger Jahren zu liegen schienen. Bei der Untersuchung des Falls stellte sich aber heraus, daß er für Massenexekutionen im Baltikum verantwortlich war. Statt die Vorzüge des Artikels 131 zu genießen, wurde er – samt anderen, die er als Zeugen für seine Ansprüche benannt hatte – im Ulmer Einsatzgruppenprozeß wegen der Ermordung von 4000 Juden zu einer hohen Zuchthausstrafe verurteilt.

Indem einer allzu unverschämt auf das Vergessen baute, führte er also das Ende der Vorherrschaft des Vergessens herbei. Die Empörung war groß, national wie international. Vermutlich wäre es falsch zu sagen, die Gesellschaft sei inzwischen hinreichend ausgeruht gewesen, um einen ganz neuen Anfang zu ermöglichen. Aber einiges hatte sich doch gelockert, die Distanz zu Krieg und NS-Regime hatte zugenommen. Mahnende Stimmen waren nicht mehr so einfach zu überhören. Vor allem: die Angehörigen der Jahrgänge, die erst nach dem Ende des NS-Regimes erwachsen geworden waren, waren inzwischen alt genug, um sich vernehmlich zu Wort zu melden. Rolf Hochhuth muß damals schon an seinem »Stellvertreter« gearbeitet haben.

In Ludwigsburg wurde die »Zentrale Stelle der Landesjustizverwaltungen zur Aufklärung nationalsozialistischer Gewaltverbrechen« gegründet. 1960 wurde Eichmann gefaßt, 1961 wurde ihm in Jerusalem der Prozeß gemacht. 1960 fand die erste einer Reihe von Verjährungsdebatten statt (Totschlag verjährte bis dahin nach 15 Jahren). Es folgten die Prozesse gegen die Aufseher von Auschwitz, Treblinka, Majdanek. Staatsanwälte und Gerichte begannen sich also, unterstützt durch die Ludwigsburger Zentrale, an die »Aufarbeitung« der Vergangenheit zu machen.

Wesentlich angestoßen durch die Prozesse gegen einzelne Beschuldigte begann seit dem Ende der fünfziger Jahre die gesamte Problematik allmählich in der Öffentlichkeit bewußt zu werden.

*

Das Problem begann damit, daß zunächst einmal zur Kenntnis genommen werden mußte, was geschehen war. Eine zum Teil unsägliche Geschichte des Kleinrechnens erstreckte sich seit 1945 über mehrere Jahrzehnte. Vielleicht waren es doch »nur« ein oder zwei Millionen oder gar »nur« ein paar hunderttausend Juden, die hingemordet worden waren. Vielleicht waren sie überhaupt nur umgekommen, weil sie auf der Gegenseite gekämpft hatten oder zwischen die Fronten geraten waren. Doch konnte man Auschwitz natürlich auch im ganzen leugnen.

Zeitlich etwas versetzt stellte sich zunehmend das nächste Problem, das der Beteiligung an den Verbrechen. Nachdem anfangs Hitler und die SS (oder Teile davon) das Ganze besorgt haben sollten, war seit dem Eichmann-Prozeß eigentlich nicht mehr zu übersehen, daß eine große, in die verschiedensten Bereiche sich verzweigende Organisation am Werk war, vom Registrieren und Einsammeln der Opfer bis zu den Massenerschießungen oder zum Transport in die Vernichtungslager. Ministerien und Ämter, Polizei, Reichsbahn, Wehrmacht, auch der Auswärtige Dienst waren beteiligt; in welchem Umfang (und zum Teil auch: mit welcher Bereitwilligkeit) auch immer. Ganz abgesehen vom weiteren Umfeld der Verdächtigungen, Verletzungen, Demütigungen und des Raubs, das sich zum Teil seit 1933 schon aufgebaut hatte. Und wie weit hatten die Deutschen von den an so vielen Orten vorgenommenen Massenerschießungen, den Einsatzgruppen, den Vernichtungslagern gewußt?

Der dritte Problemkomplex bestand darin, daß begriffen werden mußte, was dieser Versuch eines Staates bedeutete, einer ganzen millionenstarken (zum Teil hochverdienten, insgesamt gar nicht feindlichen) Religions- oder doch Schicksalsgemeinschaft das Recht, auf dieser Erde zu leben, abzusprechen und sie mitsamt Greisen, Frauen und Kindern noch aus dem letzten Winkel zusammenzutreiben, um sie auszutilgen, wie Ungeziefer, und ihre Goldzähne der Reichsbank zu übergeben. Immer wieder ist versucht worden, Auschwitz etwa mit Dresden gleichzusetzen und dagegen »aufzurechnen«. Noch im Historikerstreit der zweiten Hälfte der achtziger Jahre haben angesehene Vertreter des Fachs, die natürlich weit davon entfernt waren, Auschwitz zu leugnen oder kleinzureden, doch große Mühen darauf verwandt, es wenigstens als nicht einzigartig zu erweisen. Es schien damit die nationale Identität betroffen.

Und schließlich: Wie kann man damit umgehen, wenn nicht es »aufarbeiten« oder »bewältigen«, so doch sich damit auseinandersetzen, an der – unabweisbaren – Erinnerung arbeiten, sie wachhalten, ihr einen Platz einräumen – im Wissen, im Bewußtsein, in öffentlichem Gedenken? Was sind wir den Opfern, was den Überlebenden, was aber auch der Zukunft deshalb schuldig?

*

In der Geschichte von Erinnern – Verdrängen – Vergessen stellt Auschwitz etwas völlig Neues dar. Es kann im ganzen so wenig wie in unendlich vielen Einzelheiten vergessen werden. Es ist auch deswegen nicht »aufzuarbeiten«, weil es die menschliche Fassungskraft übersteigt. Weil jede Vernunft sich dagegen zur Wehr setzen muß, einen solchen Eingriff in die Menschheit überhaupt für möglich zu halten. Eben deswegen muß der Umgang mit dieser Erinnerung unzulänglich sein. Denn welcher Umgang wäre einem solchen Ereignis angemessen?

Die Geschichte der Arbeit an dieser Erinnerung vollzog sich auf vielen Ebenen. Sie verdichtete sich in einigen Phasen. Anfang der sechziger Jahre waren es neben den großen Prozessen vor allem Bücher und Theaterstücke, die sich langsam, zumeist sehr allgemein, an die Problematik herantasteten. Sie lösten zum Teil lebhafte Diskussionen aus, besonders heftig um Hochhuths »Stellvertreter«. Die Achtundsechziger machten das Verhalten ihrer Eltern zum Gegenstand schwerer Vorwürfe; freilich sollte man deren Anteil an diesem Prozeß nicht zu hoch veranschlagen. Einen tiefen Einschnitt stellte die Aufführung des Holocaust-Films 1979 dar, in deren Folge viele erstmals zu erzählen begannen. Der nächste große Schub ereignete sich in den Jahren ab 1985, anschließend an Richard von Weizsäckers große Rede zum 8. Mai, vierzig Jahre nach Kriegsende, sowie an die nationalen und internationalen Erregungen um das Auftreten Helmut Kohls zusammen mit US-Präsident Ronald Reagan auf dem Soldatenfriedhof in Bitburg (auf dem zugleich junge Angehörige der Waffen-SS begraben sind). 1986 schloß sich der Historikerstreit an, der zu lebhaften, auch klärenden Auseinandersetzungen führte (auch wenn er kein intellektuelles oder gar wissenschaftliches Ereignis gewesen ist; auch wenn sich dabei zeigte, daß Historiker besonders wenig Sinn für die Probleme entwikkeln, die eine ganze Gesellschaft mit einer solchen Erinnerung hat). Die einstweilen – vielleicht gar endgültig? – letzte große Erregung zog am Ende der neunziger Jahre mit der Wehrmachtsausstellung und fast gleichzeitig mit Daniel Goldhagens »Willigen Vollstreckern« ihre Kreise.

Daneben fand die mehr oder weniger gelingende Arbeit an der Erinnerung in den Schulen wie in der Literatur, in einer unübersehbaren Menge von Zeitungsartikeln, Rundfunk- und Fernsehsendungen sowie vermittels einer Unzahl von Ausstellungen statt.

Mit der Zeit war zu erfahren, daß diese Erinnerung unabweisbar ist. Und es griff die Überzeugung Platz, es sei zumindest in diesem Fall nicht das Vergessen, sondern die Erinnerung, die vor Wiederholung schütze. Gern wurde – und wird – dazu ein Satz aus einem 1905 erschienenen Buch des amerikanischen Philosophen George de Santayana zitiert: Wer die Vergangenheit nicht erinnern kann, ist verurteilt, sie zu wiederholen. Ob das wirklich zutrifft, mag mit guten Gründen bezweifelt werden. Die Deutschen zum Beispiel haben sich ihrer Niederlage im Ersten

Weltkrieg sehr gut erinnert – um sie im Zweiten sehr viel schlimmer zu wiederholen. Und wenn es sich in andern Fällen anders verhält, kann es Gott weiß welche Ursachen haben. Es fragt sich auch, ob die Erinnerung derart funktionalisiert werden sollte. Doch gibt es andere Argumente, und die sind im deutschen Fall zwingend: Erinnerung ist der letzte Tribut, den man den Opfern und deren Hinterbliebenen zollen kann. Und – was die Welt weiß und zumindest in großen Teilen nicht vergessen kann, muß in dem Volk, das die Verantwortung dafür hat, schon deswegen bewußt bleiben.

Anders als sonst befürchtet droht von der Erinnerung heute keine Rache. Sie hat das, von den ersten Nachkriegsjahren vielleicht abgesehen, nie getan. Was finanziell zu leisten war und ist, ist wenig verglichen mit dem, wofür es einstehen soll. Was an Strafen fällig ist, ist längst Sache deutscher Gerichtsbarkeit. Und bald ist keiner mehr da, den man bestrafen könnte.

Problematisch war allerdings die längste Zeit über (bis in die späten neunziger Jahre hinein) etwas anderes. Die Scham, die Furcht, daß die Bundesrepublik, daß die deutsche Nation, für die sie stand, unter anderm in der Rechtsnachfolge des Deutschen Reichs, durch die Untaten der NS-Zeit mit Schande behaftet würde. Insofern ist die Geschichte der Erinnerung an Auschwitz Teil deutscher Identitätsgeschichte. Nicht nur als einzelne, sondern als Kollektiv waren die Deutschen betroffen. Wenn sie sich nach dem ersten Schock Augen, Ohren und Verstand verstopften, um die Erinnerung zu unterdrücken, ging es ja auch darum, wie sie als Nation vor der Welt dastanden.

Als seit den späten fünfziger Jahren die – die »Gnade der späten Geburt« (Günter Gaus) genießenden – Jüngeren begannen, sich zu Wort zu melden, distanzierten sie sich zwar möglicherweise von den Älteren, sahen sie sich aber gleichwohl im Zusammenhang der nationalen Geschichte. Auch die Achtundsechziger taten das, obgleich und indem sie die ganze bundesrepublikanische Gesellschaft des Faschismus beschuldigten.

Eine deutliche Änderung zeichnete sich erst mit dem Siegeszug ab, den Goldhagen 1996 durch die deutschen Lande (und Sender) antrat. Sein Buch war wissenschaftlich durchaus fragwürdig. Darüber war man sich unter führenden Historikern auch im Ausland einig. Und seine Thesen waren zum Teil grotesk. Er sprach den Deutschen summarisch, und zwar seit Luther, den dringenden Wunsch zu, die Juden zu »eliminieren«, so daß sie froh gewesen seien, als sich endlich einer wie Hitler bereit fand, sich der Sache anzunehmen. Wobei sie sich ihm als willige Vollstrecker zur Verfügung stellten. Diese These konnte eigentlich nur Nationalmasochisten angenehm sein. Wenn Goldhagen trotzdem auf begeisterte Zustimmung stieß, so war dies nicht zuletzt der frohen Botschaft geschuldet, daß all das seit dem 8. Mai 1945 vorbei sei. Die jüngeren Generationen konnten sich also entlastet fühlen von der deutschen Geschichte. Sie sahen sich von Vorwürfen befreit und suchten sich dafür erkenntlich zu erweisen, indem sie in die pauschalen Vorwürfe gegen die Älteren einzustimmen neigten. Wo frühere Generationen sich stets mit in der Arena gefunden hatten, in die die Steine geworfen wurden, konnten sie sich jetzt den Werfern zugesellen. Je schlimmer die Vorwürfe an die Älteren waren, um so weniger konnten die Jüngeren dadurch betroffen sein. Ein ausländischer Kollege brachte die Tendenz auf die Formel: *the worse the better*. Man war damit auch erinnerungspolitisch im postnationalen Zeitalter angelangt. Bedenken, die es natürlich ebenfalls gab (und die sich bei der ungefähr gleichzeitigen Wehrmachtsausstellung stärker äußerten), konnten dagegen so leicht nicht aufkommen.

Welche Rolle in dieser ganzen Geschichte die Projektionen spielten, die von der Bundesrepublik auf die DDR (als den, wie man mit abnehmendem Recht meinte, totalitären Staat) und von dort auf die angeblich faschistische Bundesrepublik geworfen wurden, mag offen bleiben.

*

Das Erstaunliche an diesem langgestreckten Prozeß der Erinnerungsarbeit war, daß sie – entgegen den vor allem auf »konservativer Seite« gehegten Befürchtungen – spätestens seit den neunziger Jahren den Deutschen als Vorzug angerechnet wird. Sie erntet Bewunderung und dient gelegentlich auch als Vorbild. Auch macht sie vieles einfacher; erinnert sei nur an den Ausspruch eines Franzosen: »Wir können vergessen, wenn ihr nicht vergeßt.« Und sie stellt wohl wirklich eine beachtliche Leistung dar. Auf verschiedene Weisen ist sie der westdeutschen Gesellschaft sehr zugute gekommen. Wenn Demokratie mit der Verantwortung aller für das Gemeinwesen verbunden ist, so ist die Weise, die historische Verantwortung für die eigene Geschichte anzunehmen, samt all den Auseinandersetzungen, die damit verknüpft waren, eine Form ihrer Bewährung.

In der DDR dagegen war der Antifaschismus vom ersten Tage an Sieger. Die aus Exil und Lagern zurückgekehrten Kommunisten hatten die führenden Positionen inne. Die andern konnten sich – sofern sie nicht einer Säuberung zum Opfer fielen oder nach Westdeutschland flohen – dadurch vor weiteren Vorwürfen retten, daß sie am sozialistischen Aufbau teilhatten. Das Problem wurde also gleichsam in den Westen exportiert, ging in Folge davon, wie man rückblickend sagen kann, wie so vieles der DDR verloren. Bemerkenswerterweise hat die DDR nach ihrer Befreiung sofort nachgezogen: In der zweiten Volkskammersitzung, der ersten Arbeitssitzung, faßte das neugewählte Parlament die Resolution: »Das erste freigewählte Parlament der DDR bekennt sich im Namen der Bürgerinnen und Bürger dieses Landes zur Mitverantwortung für Demütigung, Vertreibung und Ermordung jüdischer Frauen, Männer und Kinder. Wir empfinden Trauer und Scham und bekennen uns zu dieser Last der Deutschen Geschichte. Wir bitten die Juden in aller Welt um Verzeihung. Wir bitten das Volk in Israel um Verzeihung für die Heuchelei und Feindseligkeit der offiziellen DDR-Politik gegenüber dem Staat Israel ...« Robert Darnton bemerkt dazu: »Als die Amerikaner eine Revolution machten, formulierten sie eine Unabhängigkeitserklärung. Die Ostdeutschen bekannten sich zu ihrer Schuld. Damit machten sie auch einen weiteren Schritt zur Vereinigung mit der Bundesrepublik, weil sie ihren Anteil an der gemeinsamen Last der deutschen Geschichte anerkannten: So stand die Vereinigung durch Schuld vor der über die D-Mark und die Verfassung.«

Inzwischen hat die Erforschung der NS-Vergangenheit im großen wie im kleinen (bis in Geschichtswerkstätten und Schülerwettbewerbe) bedeutende Fortschritte gemacht. Wichtige Publikationen, auch von Quellen wie den Tagebüchern Viktor Klemperers stoßen nach wie vor auf lebhaftes Interesse. Gedenktage werden begangen, 27. Januar, 8. Mai, 9. November. Die Stätten des Terrors werden, auch wenn es zuweilen an den Mitteln hapert, gepflegt, durch Dokumentationen erschlossen und viel besucht. Eine Unzahl von Denkmälern, vom kolossalen Holocaust-Mahnmal in Berlin bis zu kleinen Tafeln an einst von Juden bewohnten Häusern sind über das Land verstreut. Teilweise werden unzulängliche Denkmäler früherer Zeit durch angemessene neue ersetzt. An den Schulen ist ausgiebig, gelegentlich wohl gar zu ausgiebig vom Holocaust die Rede. Mit einiger »Betroffenheit« hat man sich daran gewöhnt, eine Erinnerung ernstzunehmen, an die man sich eigentlich nicht gewöhnen kann. Eine Erinnerung zudem an Geschehnisse, an die bald keiner sich mehr erinnern, an die man nur mehr erinnert werden kann.

Man faßt das Ganze gern unter dem Titel »Erinnerungskultur« zusammen. Der Ausdruck scheint mir indes zu hoch gegriffen zu sein. Wie kann man es Kultur nennen, wenn zum Beispiel in der Neuen Wache zu Berlin unter anderm der Ermordung der Juden im Bild einer Pietà gedacht wird, mit dem im Lauf einer langen Geschichte so viel Judenfeindschaft sich verknüpft hat? Auch die vom Bonner Vorgänger-Ehrenmal leicht modifiziert übernommene Inschrift »Den Opfern von Krieg und Gewaltherrschaft« zeugt nicht gerade von kulturellem Niveau. Als das Bonner Denkmal eingeweiht wurde, am 16. Juni 1967, das heißt am Vorabend des damaligen Nationalfeiertags, des 17. Juni, gedachte man vor allem der Opfer der DDR-Gewaltherrschaft. Da mochte dieser Terminus, getreu der damaligen antitotalitären Frontstellung, als angemessen betrachtet werden. Inzwischen aber hätte man doch eigentlich lernen können, daß etwa die 6. Millionen Juden nicht einfach einer simplen Gewaltherrschaft, sondern einem teuflischen Vernichtungswillen zum Opfer gefallen sind. Ganz abgesehen davon, daß es bei aller Gleichheit, die der Tod über die Menschen bringt, doch eigentlich einiger Überlegung wert gewesen wäre, ob es in diesem Falle angemessen ist, Täter und Opfer derart in einen Topf zu werfen. Und daß das keinen bekümmert, spricht auch nicht gerade dafür, daß hier etwas so Anspruchsvolles wie Kultur am Werk wäre. Um von der Unausgeglichenheit der Berliner Denkmallandschaft im Hinblick auf die Opfergruppen, aber auch der Hilflosigkeit vieler Reden zu schweigen.

Dabei könnte eine gewisse Kultur mit der Zeit zunehmend gefordert sein. Denn das Gedenken ist zwar keineswegs bedroht, aber in seiner Wirkung abhängig von den Weisen der Vermittlung; je weiter wir uns von den Ereignissen entfernen, um so mehr. Es fragt sich doch, ob etwa Erstarrung und die ihr korrespondierende Betroffenheit – samt ihren Auswüchsen, dem sogenannten Sündenstolz etwa – die Elemente sind, in denen diese Vergangenheit auf die Dauer lebendig erhalten werden kann. Anders gesagt: Ob nicht notwendig das Bewußtsein von Auschwitz immer neu mit Vorstellungskraft zu unterfangen, immer neu auch in Beziehung zu setzen ist zu den guten und bösen Seiten der damaligen deutschen Gesellschaft.

Aber wie dem auch sei: Ein höchst bemerkenswertes Gedenkwesen hat ganz sicher einen zentralen Platz in der Bundesrepublik eingenommen.

Von heute her ist das Ausmaß der Schwierigkeiten gar nicht mehr zu ermessen, denen der, seit 1945 gerechnet, bislang fünfundsechzigjährige Prozeß begegnet ist, dem er sich verdankt. Noch in den achtziger Jahren hatte man im Historikerstreit hart darum zu kämpfen, daß das ganze Ausmaß der deutschen Verbrechen ohne Wenn und Aber anerkannt wird. Erst im Anschluß daran wurde es vielen der, um es grob vereinfachend zu sagen, eher konservativ Gesinnten in der bundesrepublikanischen Gesellschaft klar, daß dieser Vergangenheit nichts abzuhandeln war. Immer mehr mußten Ältere abtreten und Jüngere nachwachsen, um das zu ermöglichen. Immer wieder stellte es sich heraus, daß von den Möglichkeiten der Deutung neu aufgedeckter Tatbestände die schlimmste richtig war (was indes nicht heißt, daß jede schlimme Annahme, daß vor allem all die pauschalen zutreffen). Wenn ein Zurückstecken in verschiedenen nationalen Ansprüchen der Preis der Offenheit gegenüber Auschwitz war, so war es vermutlich, bei allen Nachteilen, die damit verknüpft sind, nicht zu teuer bezahlt.

Vielleicht sollte man an dieser Stelle noch auf eine Besonderheit der westdeutschen Arbeit an der Vergangenheit nach 1945 hinweisen: Nach den ersten starken Einwirkungen der Alliierten ist sie im wesentlichen eine Sache der Deutschen, der Westdeutschen gewesen. Und unter ihnen ist ein Motor, der sonst die Auseinandersetzung vorantreibt und zugleich erschwert, relativ schwach gewesen: der Kampf zwischen den Parteien. Wohl lassen sich deutliche Unterschiede beobachten. Auf der »linken« Seite gab es weniger Hemmnisse als auf der »rechten«, sich dieser Vergangenheit offen zu stellen. Besonders stark kam das in den ersten Jahren der Republik zum Ausdruck. Aber auch in der Folgezeit ergaben sich verschiedentlich Differenzen, auch Konflikte zwischen den beiden Grundrichtungen. Das konnte bis in den Wahlkampf reichen. Franz Josef Strauß warb zum Beispiel 1969 mit dem bemerkenswerten Satz: »Ein Volk, das diese wirtschaftlichen Leistungen erbracht hat, hat ein Recht darauf, von Auschwitz nichts mehr hören zu wollen.« Offenbar sollte Arbeit immer noch frei machen. Andererseits haben zum Beispiel Alexander und Margarete Mitscherlich, ganz zu schweigen von den Achtundsechzigern, ihre Erkenntnisse für politische Zwecke zu instrumentalisieren versucht. Aufs Ganze gesehen aber, und allein darauf kommt es hier an, haben die Auseinandersetzungen zwischen den politischen Richtungen die Arbeit in der Breite der Gesellschaft eher flankiert.

Daß im deutschen Gedenken hinter dem Mord an den europäischen Juden anderes, etwa der Vernichtungskrieg im Osten und vor allem die hohen Opfer, weitgehend verdrängt sind, die der deutsche Herrenvolkswahn die Polen gekostet hat, zeigt, daß auch Deutschland nicht in jeder Hinsicht eine neue Haltung auf dem Feld von Erinnern – Verdrängen – Vergessen einnimmt. Die Frage ist, wie weit sich diese Problematik in andern Ländern inzwischen verschoben hat; nach dem Sturz der Diktaturen.

6. Erinnerung statt Vergessen? Die Problematik in andern Ländern seit 1945

Im Konflikt zwischen der Forderung nach Gerechtigkeit (insofern des unabweisbaren Erinnerns) und der Notwendigkeit, Frieden zu haben und das Zusammenleben zu sichern (also dem Gebot zu vergessen) sind außerhalb Deutschlands nach dem Zweiten Weltkrieg sehr verschiedene Wege gesucht worden.

Mit dem Ende der deutschen Besatzung stellte sich das Problem der Bestrafung von Faschisten und andern Kollaborateuren sowie das der »Säuberung« von Verwaltung und Gerichten, des Erziehungswesens, der Wirtschaft und anderer Bereiche, also der Entlassung derer, die sich schuldig gemacht hatten.

In Italien und Frankreich begann das mit einer Phase gewaltsamer Abrechnungen, während derer in Italien zumindest etwa 10 000 bis 15 000 Menschen umgebracht wurden; in Frankreich zumindest etwa 10 000. Ein großer, in Frankreich der weitaus größte Teil dieser Morde wurde noch während der Besatzungszeit sowie der Kämpfe um die Befreiung begangen.

In beiden Ländern folgten sehr rasch Prozesse, zum Teil vor eigens dazu eingesetzten Gerichtshöfen. In Italien waren es etwa 10 000; in 500 bis 1000 Fällen wurde die Todesstrafe, daneben eine große Zahl hoher Haftstrafen verhängt. In der zweiten Instanz wurden freilich die meisten Urteile kassiert oder stark ermäßigt. Eine im Juni 1946 in Kraft getretene Amnestie sollte an sich nur dem Gros der kleinen Faschisten zugute kommen, wurde dann aber durch die Justiz aufs großzügigste ausgelegt, so daß Ende 1946 die meisten Verurteilten wieder in Freiheit waren. Viele hatten allerdings ihre Stellung verloren.

In Frankreich wurden mehr als 100 000 Menschen interniert. Die Zahlenangaben differieren. Tausende von Todesstrafen wurden ausgesprochen, viele indes *in absentia;* vollstreckt wurden nur gut zehn Prozent. Mehrere Zehntausend wurden zu Gefängnisstrafen verurteilt. 1946 saßen noch etwa 29 000 hinter Gittern. Dank Amnestien hatte sich die Zahl der Häftlinge 1954 auf 975, bis 1960 auf neun verringert. Im großen Umfang wurden die bürgerlichen Ehrenrechte entzogen *(dégradation nationale)*.

Sehr bald aber ging man daran, die peinliche Erinnerung an Vichy zu verdrängen. Charles de Gaulle betrieb den Mythos der »France résistante«. Er gereichte nicht nur Frankreich zum Ruhme, sondern diente auch dem inneren Frieden. Wie sich große Teile der eigenen Gesellschaft unter der deutschen Besatzung verhalten hatten, konnte unter seiner Decke verborgen bleiben. Entsprechend verfuhr man in Italien. Es war die Zeit, da auch in Österreich und Deutschland das Vergessen seinen Mantel über sehr vieles ausbreitete. Hier freilich blieb es noch auf Jahrzehnte so. Erst Mitterrand gedachte öffentlich der französischen Verbrechen an den Juden, ihrer Zusammentreibung im Vel' d'hiv-Stadion etwa.

In andern Ländern, etwa Norwegen oder den Niederlanden beschränkte sich die Bestrafung Schuldiger sowie die Säuberung auf gerichtliche Verfahren, die zum Teil mit großer Strenge ausgeführt wurden. In den Niederlanden wurde ein besonderes Gesetz erlassen, das es ermöglichte, auch rückwirkend und mit schärferen Strafen etwa Denunziation und den Verrat politisch Verfolgter zu ahnden. Die 1870 abgeschaffte Todesstrafe wurde wieder eingeführt, 154mal verhängt, aber nur 40mal vollstreckt. Der erste Justizminister nach dem Krieg hatte erklärt, daß mehr als 40 bis 60 Exekutionen die öffentliche Moral verletzen würden.

Daß in Japan alles anders ist, sei kurz erwähnt; es darzulegen, würde hier zu weit führen.

*

Lassen wir die nach 1945 geführten Kriege – besonders den in Vietnam und die auf dem Balkan – beiseite, so ist die weitere Geschichte des Erinnerns und Vergessens in dieser Zeit vor allem durch die zahlreichen Fälle des Sturzes diktatorischer Regime gekennzeichnet. In aller Regel war der Umgang mit dem Unrecht der Vergangenheit durch die Macht- und Parteiungsverhältnisse bestimmt.

Gelegentlich haben sich die Vertreter des gestürzten Regimes Amnestien ausbedungen, wofür Lateinamerika die wichtigsten Beispiele bietet. Oder es prallten alle Versuche der Aufarbeitung am fortwirkenden Einfluß der alten Eliten ab. Auch mochte Druck von ihnen her ausgeübt werden. Und sie konnten unter Umständen auf breite Unterstützung rechnen. So in Rußland, wo es der Menschenrechtsorganisation Memorial trotz bewundernswerten Muts und großer Energie zumindest bisher nicht gelungen ist, mit ihrer Forderung nach Aufarbeitung der stalinistischen Vergangenheit wirklich durchzudringen. Und was alles haben die Polen vergeblich unternommen, um die Russen dazu zu bringen, die Morde von Katyn zu untersuchen, anzuerkennen und in die Akten darüber Einblick zu gewähren. Letzthin, durch das gemeinsame Gedenken des russischen und des polnischen Ministerpräsidenten am 4. April 2010, scheint sich an dieser Stelle eine Wende abzuzeichnen. Andererseits bereitet es in Polen große Mühe, eine angemessene Anerkennung und Würdigung etwa der Beteiligung eigener Landsleute an der Ermordung der Juden in Jedwabne durchzusetzen.

Aber auch von seiten der Sieger konnte Amnestie als der gebotene Weg erscheinen, um erheblichen und empfindlichen Auseinandersetzungen vorzubeugen. So zum Beispiel in Spanien nach dem Ende des Franco-Regimes im Jahre 1977. Stillschweigende Übereinkunft führte zu einem »Pakt des Vergessens«. Die schrecklichen Erinnerungen an die Bürgerkriege der dreißiger

Jahre haben, wie Joseph Rovan es formulierte, »der Weisheit den Weg eröffnet«. Jorge Semprún spricht von einer »kollektiven und gewollten Amnesie«, dank derer sich der Übergang in die Demokratie sehr glatt habe vollziehen lassen. Daran anschließend hat die erste nicht-kommunistische Regierung in Polen, die aus der Solidarność-Bewegung hervorgegangen war, den gleichen Weg eingeschlagen. Ministerpräsident Tadeusz Mazowiecki hat verlangt, man solle eine »gruba kreska« unter die Vergangenheit ziehen, also einen »dicken Strich«. Die »runden Tische« in Polen – wie übrigens auch in Ungarn – haben viel dazu beigetragen, den Riß zwischen der alten und der neuen Ordnung auch für die alten Eliten zu überbrücken.

Ob die Amnestien auf die Dauer Bestand haben, ob Beschweigung und Verdrängung weiterhin anhalten, ist unter anderm eine Frage der Zeit. Und zwar nicht nur derer, die in dem betreffenden Land eventuell zu neuen Machtverhältnissen, jedenfalls zu Generationswechseln führt, sondern auch derer, die in der internationalen Öffentlichkeit zunehmend die Erwartung erzeugt, daß das Unrecht von Gewaltregimen bestraft wird. Gegebenenfalls vor Internationalen Gerichtshöfen, wie sie die Vereinten Nationen in Afrika, aber auch in Den Haag eingerichtet haben.

Und insgesamt werden die Proteste und Forderungen der Opfer von Gewaltregimen oder ihrer Hinterbliebenen lauter. Und sie finden Gehör. Wenn nicht die Ahndung, soll zumindest die Aufklärung der Verbrechen vorangetrieben werden. Mit dem Ende der großen Blöcke ist eine ganz Reihe von internationalen Rücksichtnahmen weggefallen. Staatsgrenzen werden durchlässig. Staatsverbrechen sind nicht mehr sakrosankt. Daß auch Staaten Terrorismus betreiben, darf offen festgestellt werden, wenn auch natürlich nicht in jedem Fall. Internationale Vereinbarungen tendieren dazu, die Respektierung von Menschenrechten zu erzwingen.

Die Vereinten Nationen üben Druck auf einzelne Länder aus, Staatsverbrecher vor Gericht zu stellen, so daß es zum Beispiel durch vereinte Anstrengungen (auch aus dem dortigen Inland heraus) endlich möglich wird, in Kambodscha führende Persönlichkeiten des Pol-Pot-Regimes strafrechtlich zu verfolgen. Hilfsweise ziehen sie solche Männer vor ihre eigenen Gerichte.

Auch hat sich der herkömmliche Staats- und Nationalstolz abgeschwächt. In Amerika ist man bereit, den »American Holocaust« anzuerkennen, dem so viele Indianer seinerzeit zum Opfer gefallen sind. Präsident Clinton bittet in Afrika um Entschuldigung für die Versklavung und den Abtransport der Schwarzen im 18. und 19. Jahrhundert.

Besondere Erwähnung verdient die neue Form der »Wahrheits- und Versöhnungskommission«, die in Südafrika nach dem Ende des Apartheidregimes geschaffen worden ist. Das Modell ist in Peru und Osttimor übernommen worden. Ruanda hat sich davon zumindest anregen lassen.

Diese Kommission wurde 1996 für 18 Monate eingesetzt, eine Verlängerung um weitere sechs Monate war vorgesehen (und nötig). Länger aber sollte es nicht dauern (und dauerte es auch nicht), denn es sollte innerhalb kurzer Zeit die Tür hinter dem Geschehenen geschlossen werden. Man könne nicht ewig in der Vergangenheit herumwühlen, erklärte der Vorsitzende, Erzbischof Tutu, in einem Interview. Auch sollten die Opfer die Entschädigungen, die ihnen durch die gleiche Kommission zugesprochen werden sollten, möglichst rasch erhalten.

Jeder, der aus politischen Gründen Straftaten begangen hatte (sei es im Sinne der Apartheid, sei es im Kampf gegen sie) hatte das Recht, seinen Fall der Kommission vorzutragen. Er war dann verpflichtet, lückenlos über seine Motive und die Umstände seiner Verbrechen auszusagen. Tat er es und konnte er überzeugend darlegen, daß er die Tat aus politischen Gründen und mit verhältnismäßigen Mitteln verübt hatte, sollte er weder strafrechtlich verfolgt werden noch zivilrechtlich haftbar sein. Er durfte auch einen politischen Mord begangen, nicht jedoch Folter angewandt haben; jedenfalls nicht unverhältnismäßig. Auf Strafe kann man verzichten, hieß es, auf die Wahrheit nicht.

Die Wahrheitskommission stellte also einen Kompromiß zwischen Erinnern respektive Gerechtigkeit und Vergessen dar. Sie kam Tätern wie Opfern, wenn auch zu ungleichen Teilen, zugute. Sie war dazu gedacht, daß die Nation mit der Vergangenheit möglichst schnell, soweit es ging, ins Reine kam; ohne jede Gewalttätigkeit. Im dritten Jahr nach dem Ende des Regimes (Dezember 1993) wurde sie eingesetzt, im fünften sollte sie fertig sein. Die Sieger waren versöhnlich; und deswegen konnte es schnell gehen.

Die Verhandlungen sollten in Anwesenheit der Opfer respektive ihrer Hinterbliebenen geführt werden. Die Absicht war, die Täter den Opfern zu konfrontieren, denen sie so viel Leid zugefügt hatten. Timothy Garton Ash meint, es habe das »rituelle und auch das theatralische Element« dazugehört: »die großen Herren vor dem Tribunal, eine Bühne für das Opfer«. Es sei eine »gesellschaftliche Gruppentherapie, die symbolische Selbstbereinigung des Gemeinwesens« vorgenommen worden. Am Ende habe »nicht nur die Aufklärung …, sondern auch eine Katharsis« stehen sollen. *Without truth no reconciliation*, hieß es. Ohne Vergebung wird es keine Zukunft geben, sagte Tutu.

Die Kommission hat sehr viel Interesse auf sich gezogen, auch viel Anerkennung gefunden. Mit Recht. Doch gibt es auch Bedenken. Wie ist etwa Hinterbliebenen zumute, wenn sie durch die Täter erstmals die Umstände der Ermordung ihrer Angehörigen erfahren, die Täter anschließend straflos den Saal verlassen und sie zurückbleiben? Außerdem haben viele nur zugegeben, was ohnehin nicht zu leugnen war. Trotzdem war die Wahrheitskommission in Südafrika ein außerordentlich wichtiges Triebrad im Prozeß der Integration der so lange gespaltenen Gesellschaft. Hätte man die Gewalttätigkeiten der Vergangenheit Gerichten zur Verfolgung überlassen, so wäre das Zusammenleben von Schwarz und Weiß aufs schwerste belastet gewesen. Daher hatte man in erster Linie dem Frieden – und der Gerechtigkeit nur insoweit zu dienen, als es möglich war. Es war wohl das höchste, was man erreichen konnte.

*

Der Ausgleich zwischen der Unabweisbarkeit der Erinnerung und dem Drang zu vergessen, wird also weiterhin schwierig sein. Erzbischof Tutu hat in einem Interview erklärt: »Wir alle wissen, daß in jeder Sprache der am schwersten auszusprechende Satz lautet: ›Es tut mir leid.‹« Wohl hat sich seit 1945 vieles zugunsten der Erinnerung (und damit der Gerechtigkeit) verschoben. Manches drängt darauf, die alten Üblichkeiten hinter sich zu lassen. Wie ja die Völkergemeinschaft – respektive beachtliche Teile von ihr, freilich nach Maßgabe ihrer politischen und wirtschaftlichen Interessen und unter Berücksichtigung der Machtverhältnisse – heute auch die Menschenrechte ganz anders, nämlich bis in die Staaten hinein, unter Durchbrechung von deren Souveränität, verficht. Mit all dem könnten auch neue Weisen des Umgangs mit der Vergangenheit entstehen, die zugleich mit dem erheblich gestärkten Status der Opfer einhergehen mögen, welcher nach dem Abbau von Herrschaft und Staatlichkeit eine wichtige Basis von Legitimation zu werden beginnt. Opfer aber, und nicht zuletzt die, die in ihrem Namen sprechen, wollen am wenigsten vergessen. Sie pflegen, wenn nicht auf Rache, so doch auf irgendein Maß von Gerechtigkeit zu drängen.

Was die Griechen in erster Linie gefürchtet hatten, der Bürgerkrieg, droht kaum noch; obwohl Sorgen um Integration,

Furcht vor Vergiftung des innenpolitischen Klimas noch gehegt werden können. Gesichtspunkte der nationalen Ehre spielen zwar nach wie vor rund um den Globus eine große Rolle. Aber das Geschichtsbewußtsein ist vielfach rückläufig. Zugleich gibt es in vielen Ländern ganze Gruppen, die mit einer so wohl noch nicht dagewesenen Macht darauf drängen, noch die unangenehmsten Teile eigener Vergangenheit herauszuarbeiten und zu bedauern; zuweilen ist man gar versucht, ein Wort darauf zu verwenden, das Max Weber 1919 auf den damaligen deutschen Umgang mit Geschichte angewandt hat: masochistisch.

Andererseits gibt es auch heute noch Widerstände genug, sowohl gegen die Anerkennung von Unrecht und Gewalttat wie dagegen, Konsequenzen daraus zu ziehen. Nicht nur die Japaner unterliegen den größten Hemmungen, wenn es gälte, sich für eine Unzahl schwerer Kriegsverbrechen zu entschuldigen. Die Türken verbitten sich noch heute mit aller Entschiedenheit, an den von ihnen im Ersten Weltkrieg an den Armeniern begangenen Genozid erinnert zu werden. Die Niederländer vermeiden, trotz verschiedener gegenteiliger Stimmen auch im eigenen Lande, nach Möglichkeit die ziemlich unangenehme Erinnerung an ihre koloniale Vergangenheit in Indonesien. In Israel ist man weit davon entfernt, die Ergebnisse »revisionistischer« Historiker, die die Geschichte des Unabhängigkeitskriegs genauer untersucht haben, allgemein anzuerkennen. Im Gegenteil, durch ein neues, in erster Lesung schon angenommenes Gesetz soll die Erinnerung der Palästinenser an ihr schlimmes Kriegsschicksal 1948 erschwert werden. Wenn die tschechische Regierung den Archiven ihres Landes verbietet, auch nur das Wort »Vertreibung« zu benutzen, so geht sie doch wohl weiter, als die Vorsicht vor dem Eingehen lästiger Verpflichtungen es gebieten könnte. Wenn es sich inzwischen in Frankreich und an andern Stellen anders verhält, so hat die Zeit stark daran mitgewirkt.

Der Kampf der Erinnerung gegen das Vergessen muß also stets neu ausgefochten werden. Der Drang zum Vergessen von Unrecht und Gewalttat, der Drang der Täter, aber eben auch all derer, die sich mit ihnen identifizieren, ihnen zumindest nichts anhaben wollen oder können, wird ihm auch weiterhin Widerstand entgegensetzen. Jedenfalls wird der Umgang mit schlimmer Vergangenheit auch heute noch weitgehend durch Politik, durch Interessen bestimmt, und zwar vorwiegend durch partikulare, so universal sie sich auch geben mögen.

Das beste wäre natürlich, die Gefahr von Aufdeckung und Bestrafung ließe Unrecht gar nicht mehr zu. Oder man würde ihr je gegenwärtig begegnen können, so daß es zu Vergangenheiten, die im großen Stil aufgearbeitet werden müssen, gar nicht erst kommt. Aber wer will ernsthaft damit rechnen? Wer will sicher sein, daß überall in der Welt Staaten, deren Führung in stärkerem Ausmaß Unrecht begeht, unter Kontrolle zu bringen sind – ja daß in Zukunft überhaupt Staaten und nicht ganz anders organisierte und operierende Kräfte das Problem darstellen werden? So laut und berechtigt und notwendig der Aufschrei der Opfer und all derer, die als ihre Anwälte fungieren können, immer wieder sein wird: Stets neu wird sich, vermute ich, auch die Frage stellen, ob Vergangenheit nicht besser ruht. Wobei wohl auf einer Unterscheidung zu bestehen sein wird: Wo es sich um Genozid handelt, wird mit aller Macht gegen das Vergessen anzukämpfen sein. Auch deswegen, damit nicht jemand wie Hitler aus dem Beschweigen des Mords an den Armeniern den Schluß zieht, man könne alles machen, ohne dafür büßen zu müssen.

7. Deutschland nach 1989

Selbstverständlich hat sich die DDR nichts von dem zuschulden kommen lassen, wodurch die Vergangenheit der Deutschen zwischen 1933 und 1945 so weit aus allen andern herausragt. Kein Auschwitz, auch keinen Krieg; übrigens ja auch keine Schauprozesse. Indes bleibt Schlimmes genug. Wenn es aber nach der Regel ginge, wäre das in der öffentlichen Erinnerung so wichtig nicht; gäbe es jedenfalls manche Gesichtspunkte, unter denen es näher gelegen hätte, »das Geschehene zu lassen«, um eine der griechischen Vergessensbestimmungen nochmal zu zitieren.

Doch ging es ja nicht nach der Regel. Die Besonderheit der Situation ist zumindest in sechs Hinsichten zu charakterisieren. Sie folgt zunächst aus der Tatsache des unblutigen Umsturzes. Nach einschneidenden innenpolitischen Umbrüchen pflegen Amnestien – wie nach Kriegen – auf gewalttätige Konflikte zu antworten oder – oft zugleich – aus der Furcht vor schweren inneren Auseinandersetzungen motiviert zu sein. Wenn viel Blut geflossen ist oder weiteres Blutvergießen droht, ist man leichter bereit, sie zu beschließen.

Das kann man schon in der florentinischen Geschichte Machiavellis lesen, wo er an einem bestimmten Punkt während des Aufstands der Ciompi 1378 »einen der Kühnsten und Erfahrensten« erklären läßt: »Um uns daher für begangene Vergehen Verzeihung zu holen, müssen wir, nach meinem Dafürhalten, neue begehn, die Übel verdoppeln, Brand und Raub mehren und uns dazu viele Genossen verschaffen. Denn wo viele sündigen, wird keiner bestraft: Kleine Vergehen werden gezüchtigt, große und ernste gelohnt. Und wo viele leiden, suchen wenige sich zu rächen, indem ein allgemeines Übel leichter und geduldiger sich erträgt als ein persönliches. Vergrößerung unserer Schuld wird uns also Verzeihung erwerben.«

Die Friedlichkeit des Umsturzes, die einerseits dem ganzen Zuschnitt des Dichtens und Trachtens der Bürgerrechtler entsprach, andererseits angesichts der Machtverhältnisse im Lande unabdingbar war, hat den DDR-Bürgern somit ein wichtiges Movens zur Amnestie vorenthalten. Ein Anlaß, um des Vergessens, des Friedens willen Wünsche nach Rache und Gerechtigkeit hintanzustellen, entfiel.

Zweitens hatten die Herrschenden nach der friedlichen Revolution nicht nur bald ihre Positionen verloren, sondern waren auch – von einigen »Seilschaften« abgesehen – völlig an den Rand gedrängt. Die weit überwiegende Mehrheit sowohl der Ost- wie der Westdeutschen war gegen sie, so daß sie ganz ohne Einfluß waren. Man brauchte auf sie keine Rücksicht zu nehmen. Daß viele von ihnen sich bald in neuen Funktionen politisch hervortaten, änderte daran nichts.

Drittens war die friedliche Revolution eingeleitet und gewonnen durch Bürgerrechtler, die nach Jahren und Jahrzehnten der Unterdrückung verständlicherweise die Träger des Regimes und ihre prominenten Helfer und Helfershelfer bestraft sehen wollten. Sie hatten sich auch ein Recht auf das Mittel dazu erworben, den Zugang zu den Stasi-Akten. Es war darüber, zunächst gegen westdeutsche Widerstände, schon ein Beschluß der Volkskammer gefaßt worden.

Viertens trafen sich die Wünsche und Forderungen der Bürgerrechtler mit der in Westdeutschland nachgerade zu einem Titel im politischen und geistigen Haushalt gewordenen »Vergangenheitsbewältigung«. Es regte sich dort also der Wunsch, es diesmal besser zu machen als 1945. So wurde auch von dieser Seite eine »Ruhepause des Vergessens« (Peter Bender) nahezu unmöglich. Wie weit die Situationen von 1945 und 1989 vergleichbar waren, hat keiner gefragt.

Fünftens: Was die Bürgerrechtler in ihrer Mehrheit nicht gewollt hatten, schob sich rasch vor ihre Erfolge – die Vereinigung mit Westdeutschland. Da verhandelte zwar zunächst ein Staat mit dem andern, aber der eine strotzte vor wirtschaftlicher Gesundheit, der andere war aufs stärkste angeschlagen. Jener umfaßte 80 Prozent, dieser 20 Prozent der künftigen Bürgerschaft. Also war die DDR nicht nur sehr rasch nicht mehr mit sich allein, sondern sie hatte sich auch der westdeutschen Ordnung einzufügen (was an sich nicht gegen den Wunsch ihrer Bevölkerungsmehrheit war). Sie hatte das Grundgesetz und damit den Rechtsstaat zu übernehmen.

Darauf antwortete der berühmte verzweifelt resignierte Ausruf von Bärbel Bohley: »Wir haben Gerechtigkeit gewollt und den Rechtsstaat bekommen.« In der Tat: Es war jetzt unmöglich, eine Generalabrechnung innerhalb der DDR vorzunehmen, »mit dem Regime …, das nicht nur im Auftrag Moskaus vierzig Jahre lang siebzehn Millionen Menschen eingezäunt und eingemauert, bis ins Privatleben überwacht, mit politischer Justiz niedergehalten, ihrer Bürgerrechte beraubt, ideologisch verblödet und mit einem widersinnigen Wirtschaftssystem um viele Früchte ihrer Arbeit gebracht hatte« (Peter Bender). Denn was dieses Regime verübt hatte, »waren politische Taten, die sich den Strafgesetzen entziehen«. Zudem war DDR-Recht, angereichert durch einen Schuß Naturrecht zugrundezulegen.

»Das wußte man auch, versuchte es trotzdem und endete bei einem grotesken Fehlschlag. Ermittelt wurde gegen etwa 100 000 Personen, 1286 kamen vor Gericht, weniger als 800 wurden verurteilt und nur 40 mußten ins Gefängnis«. Den schlimmsten unter den Hauptverantwortlichen, Erich Mielke, konnte man nur anklagen, weil er 1932 an einem politischen Mord beteiligt gewesen war, die andern Politbüro-Mitglieder nur, weil sie das Grenzregime mit dem Schießbefehl zumindest gebilligt hatten. Auf wichtige Verfahren mußte man verzichten, da die Schuldigen starben oder nur noch reif fürs Altersheim waren, nicht mehr für Prozeß und Haft. So konzentrierte sich die Arbeit an der DDR-Vergangenheit auf »Schild und Schwert« der Partei, die »Staatssicherheit« samt ihren mehr als 100 000 inoffiziellen Mitarbeitern, genauer gesagt: auf die Aufdeckung all der Verwüstungen, die sie in der Bevölkerung angerichtet hatte. Was zwar dazu führte, daß sehr viele Stasi-Mitarbeiter von einer ganzen Reihe von Stellungen und Mandaten ausgeschlossen wurden. Was aber nicht unbedingt gerecht war, weil damit viele, für die die Stasi ein Instrument war, entlastet wurden und es zumeist an einer Würdigung der Tatbestände fehlte.

Sechstens, und das war von sehr großer Bedeutung, vollzog sich dies alles unter den Augen der Westdeutschen. Jetzt bildete sich, nach Peter Bender, »eine zweite Front, in der Alt-Bundesbürger ihre neuen Mitbürger beargwöhnten. Das Bild, das die Stasigeschichten und die einseitige DDR-Betrachtung schufen, glich fatal dem Bild, das sich viele im Westen schon immer von ihren Landsleuten im Osten gemacht hatten. Konnte man vierzig Jahre unter Ulbricht und Honecker leben, ohne vergiftet zu werden? Was sind das für Leute, die wir in unsere wohlgeordnete Bundesrepublik bekommen? … Die Ostdeutschen fühlten sich mit dem Staat identifiziert, den sie sich gerade vom Halse geschafft hatten.« Wo man im Westen allzu erpicht darauf war, bestätigt zu bekommen, was alles im Osten fehlgelaufen war, wurde dort, verständlicher-, aber nicht förderlicherweise, allzu leicht die Konsequenz gezogen: »Ab jetzt wird nichts mehr zugegeben.« So reihte sich der Posten »Vergangenheitsbewältigung« als wichtiges Glied ein in die Kette der gegenseitigen weit mehr Abstoßungen als Anziehungen.

Peter Bender fragt, ob es nicht weit besser gewesen wäre, eine »Politik des Vergessens« zu treiben, Vergessen im Sinne des Nicht-Erinnerns an alles, was Unruhe schaffen und den unendlich mühevollen Prozeß der Integration stören mußte. Er gebrauchte in seinem Aufsatz für das Gegenteil den Begriff des »tätigen Erinnerns«, das heißt des öffentlich angestachelten, mit Nachdruck versehenen gegenseitigen Sich-Abverlangens der Erinnerung. Eben dies sollte nach seinem Urteil unterbleiben (und wäre am besten von Anfang an unterblieben). Das heißt nicht, daß die Erforschung der DDR-Vergangenheit irgend behindert werden sollte; daß hier und da öffentlich und privat vieles bei dieser und jener Gelegenheit nicht hätte zur Sprache kommen sollen. Man hätte aber verzichten sollen »auf das Ausbreiten von Schrecklichkeiten«. »Bändigung des Furors, alles ans Licht bringen zu wollen«, wäre angezeigt gewesen. Bender meint, mit ihren Akten habe die Stasi Rache genommen und die Solidarität ausgehöhlt. Die Öffnung der Stasi-Akten habe der einer Pandora-Büchse geglichen.

Wenn man nachgedacht hätte (aber wer tut das schon in diesem Lande, oder wenn es einer tut, wer nimmt das wahr?), hätte man sich, so ist nach Bender zu schließen, wohl vor der Frage befunden, welches der richtige Ausgleich zwischen Gerechtigkeit und Frieden gewesen wäre. Frieden allerdings nicht im Sinne von äußerer Ruhe; die war zweifellos gewährleistet; aber als Gebot, die so ungeheuer schwierige Integration zwischen Ost und West voranzutreiben. Bender meint: »Die Bonner Politik, die fast alles im Osten bestimmte, hätte sich durchsetzen müssen, wie sie es sonst überall tat, wenn es um ihre Grundsätze und Interessen ging. Sie hatte die Macht, aber nicht den Mut.«

Ich weiß nicht, ob das so leicht möglich gewesen wäre. Pläne zu einer Amnestie und zur Verschließung der Akten gab es, sie wurden aber bald fallengelassen. Man hatte die Bürgerrechtler sehr rasch um die Früchte ihres Sieges gebracht; sollte, konnte man ihnen auch noch den Zugang zu den Akten verwehren?

Eine andere Frage ist, auch für Bender, wie die Dinge heute

stehen. Zwei Wege sind es, auf denen sich die öffentliche Auseinandersetzung mit schlimmer Vergangenheit heute vollziehen kann. Zum einen der der Abrechnung mit den Schuldigen samt ihrer Entfernung aus staatlichen und anderen Positionen. Die ist – fast – erledigt. Zum andern könnte danach gestrebt werden, daß die ganze Gesellschaft sich klarmacht, was sie insgesamt und/oder was der eine in ihr gegen den andern typischerweise angerichtet hat.

Bedenkt man, was sich heute an Vorstellungen von der DDR immer noch hält, ja sich belebt, scheint dieser Teil möglicher Aufarbeitung heute dringlich zu sein: umfassende Rekonstruktion. Freiheitsbeschränkung, Rechtsbeugung, Gängelung, Bevormundung, Erpressung, Schikane, Indoktrination, das kam fraglos von ganz oben. Das mußten aber doch auch viele weiter unten mitmachen, mußten sich in Dienst nehmen, einspannen lassen. Indem sie, wenn auch vielleicht zögernd, aufnahmen und weitergaben, wozu dieses Regime sie zu verpflichten trachtete. Es stand ja nicht eine mächtige Führungsschicht mit Geheimdienst, Polizei, NVA und im Hintergrund sowjetischen Panzern gegen eine nur widerspenstig sich fügende, eventuell passiven Widerstand leistende, vielleicht gar – wie in Polen – als Zivilgesellschaft sich vereinende Untertanenschaft. Vielmehr wirkte das Regime in vielen Brechungen durch seine Bürger auf seine Bürger. Und hat diese Bürger in nicht geringem Maße infiziert, hat sie (oder viele von ihnen) mit Scheuklappen versehen, hat sie gegeneinander in Stellung gebracht. Das war doch das Bösartige daran. Es hat doch auch in den Seelen seiner Untertanen genistet und Schaden angerichtet.

Der römische Historiker Tacitus hat in einer entfernt vergleichbaren Situation erklärt, es käme darauf an, Tugend und Schande in der Geschichtsschreibung klar zu benennen. Damit die Menschen wüßten, daß sie dem Urteil der Nachwelt unterlägen. Das sei vielen unangenehm, die sich nämlich ganz ähnlich verhalten wie einstmals die, die er, Tacitus, kritisch darstellte.

Nicht zuletzt darin bestünde die Ablösung von dieser Vergangenheit, die Wiederherstellung von Maßstäben des Handelns und Urteilens und die Öffnung zur Zukunft hin. Diese Art Aufklärung oder: Arbeit an der Vergangenheit, die es mit dem Gros, nicht nur mit den Hauptschuldigen zu tun hat, ist, scheint mir, notwendig, ja dringend. Sie ist allerdings verteufelt schwierig, nicht nur, weil sie Selbstkritik bedeutet, weil sie es mit der nachgeholten DDR-Identität zu tun bekommt, sondern auch, weil sie unter den Augen des – sensationslüsternen und unbewußt wohl auch Bestätigung für die Geringschätzung der Ostdeutschen suchenden – Westens geschehen muß. Sie fordert Verurteilung, sie braucht aber auch Verstehen, viel Verstehen. Und sie braucht Zeit.

Vergleicht man die Situation mit derjenigen in der alten Bundesrepublik im Hinblick auf die NS-Verbrechen 20 Jahre nach 1945, so hat man einerseits – trotz aller Unterschiede zwischen NS- und DDR-Vergangenheit – keinen Anlaß sich zu wundern. Derartige Prozesse nehmen offenbar sehr viel Zeit in Anspruch, sind auf das Nachwachsen neuer Generationen angewiesen. Hier also sind, scheint mir, die Überlegungen Peter Benders noch heute hochaktuell.

Wo andererseits 1945 in Westdeutschland eine geschlossene Gesellschaft neu beginnen, über den Abgrund von zwölf Jahren schlimmer Vergangenheit eine Restauration versuchen und zunächst einmal erfolgreich arbeiten konnte, kam der Ex-DDR nach 1989 vielerlei in die Quere. Die Möglichkeiten des Neuanfangs waren eng begrenzt. Und in der nachwachsenden Generation haben gerade viele von denen, die über die DDR-Vergangenheit irgendwann nachträglich erschrecken könnten, das Land verlassen.

*

Es ist und bleibt jedenfalls, so scheint sich mir zu ergeben, eine höchst schwierige Frage der Güterabwägung, wie man nach Kriegen, Bürgerkriegen, Revolutionen und Umstürzen mit der schlimmen Vergangenheit (oder den schlimmen Teilen der Vergangenheit) umgehen soll. Es gibt keinen abstrakten Maßstab dafür. Jeder Fall ist anders. Daher ist es keineswegs ausgemacht, daß sich seit der unabweisbaren deutschen Erinnerung an Auschwitz alles anders verhält als früher. Die uralte Erfahrung, wonach man nach solchen Ereignissen besser vergißt und verdrängt als tätige Erinnerung walten zu lassen, ist noch keineswegs überholt. Und es ist keineswegs ausgemacht, daß tätige Erinnerung Wiederholung ausschließt.

Belege und Hinweise

Zu S. 9: Vertrag von 851:
Hlotharii, Hludowici et Karoli Conventus apud Marsnam Secundus. In: Monumenta Germaniae Historica. Legum Sectio II: Capitularia Regum Francorum. Band 2. Hannover 1897. 72.

Zu S. 10: Friede von Lausanne:
Abkommen vom 24.7.1923. In: Georg Friedrich von Martens, Nouveau Recueil Général de Traités. Troisième Série. Göttingen/Leipzig/Greifswald/Aalen 1910ff. Band 13. 432f.

Zu S. 10: Cicero:
Philippica 1,1. Vgl. Velleius Paterculus 2,58,4: *illud decreti Atheniensium celeberrimi exemplum, relatum a Cicerone, oblivionis praeteritarum rerum decreto patrum comprobatum est.* Valerius Maximus 4,1. Ext. 4. (s.u. zu S. 30).

Zu S. 10: Churchill:
Randolph S. Churchill (Hg.), The Sinews of Peace. Post-War Speeches by Winston S. Churchill. London u.a. 1948. 200. Vgl. Timothy Garton Ash, Geschichtsaufarbeitung nach dem Kommunismus. Das deutsche Beispiel im europäischen Vergleich. In: Berichte und Abhandlungen der Berlin-Brandenburgischen Akademie der Wissenschaften 4,1997, 77.

Zu S. 10: Ludwig XVIII.:
Abgedruckt bei Michael Erbe (Hg.), Vom Konsulat zum Empire libéral. Ausgewählte Texte zur französischen Verfassungsgeschichte 1799–1870. Darmstadt 1985. 146ff.

Zu S. 11: Begraben des Kriegsbeils:
Siehe Jörg Fisch, Krieg und Frieden im Friedensvertrag. Eine

universalgeschichtliche Studie über Grundlagen und Formelemente des Friedensschlusses. Stuttgart 1979. 123. 150. 158f. 165. 191ff. Mark Twain hat dazu bemerkt, man vergesse vielleicht, wo man die Friedenspfeife vergraben habe, aber niemals, wo das Beil liegt.

Zu S. 12: Geschichte der Juden:
Deuteronomion 6, 12 – 25,17 – 9,7 – 32,7. Vgl. 8,11ff. 16,2. 24,9. Micha 6,5.

Zu S. 12: 169mal:
Yosef Hayim Yerushalmi, Zachor: Erinnere Dich. Jüdische Geschichte und jüdisches Gedächtnis. Berlin 1982.

Zu S. 12: Jacques Le Goff:
Geschichte und Gedächtnis. Frankfurt 1992. 32.

Zu S. 12: Elie Wiesel:
Carol Rittner (Hg.), Elie Wiesel. Between Memory and Hope. New York 1990. 31.

Zu S. 12: Jahwes Verheißung:
Den er seinerseits nicht vergißt: »Er wird dich nicht lassen noch verderben, wird auch nicht vergessen des Bundes, den er deinen Vätern geschworen hat« (Deuteronomion 4,31).

Zu S. 12: Kaum lösbare Aufgaben:
Vgl. Christoph Münz, Der Welt ein Gedächtnis geben. Geschichtstheologisches Denken im Judentum nach Auschwitz. Gütersloh 1995.

Zu S. 14: Verdrängung nicht im psychopathologischen Sinn:
Es ist sehr die Frage, wieweit psychopathologische Kategorien überhaupt auf Gesellschaften anzuwenden sind. In diesem Fall hat jedenfalls Adornos Feststellung zu gelten, wonach »aus der allgemeinen gesellschaftlichen Situation weit eher als aus der Psychopathologie … das Vergessen des Nationalsozialismus zu begreifen ist«. Was bedeutet Aufarbeitung der Vergangenheit? (1959). In: Theodor Adorno, Eingriffe. Frankfurt 1963. 128.

Zu S. 15: Das ganze Gebiet dazwischen ...:
Einige Bemerkungen dazu: Ch. Meier, Vierzig Jahre nach Auschwitz. Deutsche Geschichtserinnerung heute. 2. Aufl. München 1990. Der deutsche »Historikerstreit«. In Helmut Kreutzer/Dieter Zerlin (Hg.), Verfolgung und Widerstand. München 1989. Zur deutschen Geschichtserinnerung nach Auschwitz. In: Ferenc Glaz (Hg.), Modern Age/Modern Historian. In memoriam György Ránki. Budapest 1990. 367ff. – Auffällig auch die Ausblendung der Problematik nach Auschwitz in Lucian Hölschers Aufsatz unter dem Titel »Geschichte und Vergessen«. In: Historische Zeitschrift 249,1989,1ff., obwohl er vom Historikerstreit ausgeht.

Zu S. 16: Für Männer gehörte sich ...:
Vgl. Nicole Loraux, Die Trauer der Mütter. Frankfurt/New York 1992. 27ff., die insoweit gewiß das Richtige trifft. Zur Vorgeschichte: Hélène Monsacré, Les Larmes d'Achille. Le Héros, la Femme et la Souffrance dans la Poésie d'Homère. Paris 1984. – So wie man die Öffentlichkeit vermutlich mit privatem Leid möglichst nicht behelligen sollte (Ch. Meier, Kultur um der Freiheit willen. München 2009. 199f.), könnte das allzu aufdringliche Zurschautragen gemeinsamen Leids dem Stil des Zusammenlebens auf der Agora widersprochen haben.

Zu S. 17: Aristophanes:
Lysistrate 590 (aufgeführt 411 v. Chr.).

Zu S. 18: »Amnestia«:
Fisch (wie o. zu S. 11) 61f. In der Bedeutung »Vergessenheit« begegnet das Wort schon bei Platon, Menexenos 239c.

Zu S. 18: Beschlüsse, »Nicht an Schlimmes zu erinnern«:
Inscriptiones Graecae I³. 76. Z. 15f. 20f. Abgedruckt bei: Hermann Bengtson, Die Staatsverträge des Altertums 2. 2. Aufl. München 1975. Nr. 187. Weitere Beispiele ebd. Nr. 204. 215. 289. – Älteste Bezeugung von *mē mnēsikakeîn*: Herodot 8,29,2. Er berichtet über einen Vorgang aus dem Jahre 480 v. Chr., das Wort selbst ist

dadurch aber nicht für diese Zeit gesichert, vielmehr erst für die der Abfassung der Historien, womit man in die dreißiger oder frühen zwanziger Jahre des 5. Jahrhunderts käme. Andere Formulierung bei Euripides, Phönikerinnen 464 *(kakôn ... tôn prin mēdenòs mneían échein)*. – Man übersetzt die Wendung verschiedentlich mit »nicht nachtragend sein«. Das scheint mir zu harmlos zu sein; denn es geht in der Konsequenz ja um den Ausschluß von Anklagen. Andererseits haben wir im Deutschen keine Entsprechung für die Verknüpfung von Erinnern und Schlimmem in ein und demselben Wort. Daher belasse ich es bei »nicht an das Schlimme erinnern«. Über die Frage des transitiven oder intransitiven Gebrauchs von Erinnern u. S. 29f.

Zu S. 18: Abmachungen zwischen verfeindeten Gruppen (Megara):

Thukydides 4,74. Zu den Eiden: Hans Joachim Gehrke, Stasis. Untersuchungen zu den inneren Kriegen in den griechischen Staaten des 5. und 4. Jahrhunderts v. Chr. München 1985. 264f. 261,2. Vgl. 248. 250. 253.

Zu S. 19: Thukydides 3,82,7:

Vgl. Theognis 363.

Zu S. 19: Große Zahl von Bürgern ...:

Gustav Adolf Lehmann, Überlegungen zu den oligarchischen Machtergreifungen im Athen des 4. Jahrhunderts v. Chr. In: Walter Eder (Hg.), Die athenische Demokratie im 4. Jahrhundert v. Chr. Stuttgart 1995. 145.

Zu S. 20: Opfer:

Lysias 25,19. 27. 18,11. Xenophon Hellenika 2,3,12. 24. Athenaíōn politeía 35,3. – Bereicherung: Lysias 12,6ff. Xenophon, Hell. 2,3,21. Dazu und zu weiteren Maßnahmen: Gustav Adolf Lehmann, Die revolutionäre Machtergreifung der »Dreißig« und die staatliche Teilung Attikas (404–401/0 v. Chr.). In: Ruth Stiehl u.a. (Hg.), Antike und Universalgeschichte. Festschrift für Hans Erich Stier.

Münster 1972. 215ff. – Perfides Geschick: Lysias 13,55ff. 58ff. 12,31. Platon, Apologie 32 c/d (vgl. Lysias 12,52. 13,44f.) Isokrates 18,16f. Xenophon, Hell. 2,4,9.

Zu S. 20: Pausanias:

Xenophon, Hellenika 2,4,29ff. 35f. Athenaíōn politeía 38,4. Lehmann 221ff.

Zu S. 20: Vertrag:

Andokides 1,90. Lysias 6,38. 13,88ff. Vgl. 6,45. 12,53. 25,28. 34 (Eid und Vertrag). Xenophon, Hell. 2,4,38. 42 (Eid). Athenaíōn politeía 38,3. 39. Isokrates 18,19ff. (Vertrag und Eid) 25. 27. 29. 44.

Zu S. 20: Mit eigener Hand getötet ...:

Die Verfahren sollten nach herkömmlichem Recht geführt werden. Dazu: Wilfried Nippel, Bürgerkrieg und Amnestie: Athen 411/403. In: G. Smith/A. Margalit, Amnestie oder Die Politik der Erinnerung in der Demokratie. Frankfurt 1997. 111f. Gehrke, Stasis 120.

Zu S. 21: Athenaíōn politeía:

Ähnlich Andokides 1,90.

Zu S. 21: Scheidung zwischen wenigen Schuldigen und dem Gros:

So z.B. Thukydides 3,75,1. 8,73,6. – Zu vergleichen ist Machiavellis in anderm Zusammenhang vorgebrachtes Postulat: »Will man die in einer Stadt ausgebrochenen Spaltungen beseitigen, dann kann man nur auf eine Art verfahren: Man muß die Rädelsführer hinrichten. Andere Heilmittel darf man nicht versuchen. Es gibt überhaupt nur drei mögliche Wege: Hinrichtung ..., Verbannung, Versöhnung mit der Auflage, sich gegenseitiger Kränkungen zu enthalten; von diesen drei Wegen ist der letzte der schädlichste, wenigst gewisse und nutzloseste. Wo viel Blut geflossen ist und andere, ähnliche Missetaten geschehen sind, kann eine erzwungene Aussöhnung unmöglich von Dauer sein, da die Parteien sich doch täglich vor Augen haben«. Anscheinend nahm er an, daß die tägliche Begegnung der Parteigänger außer Wirkung gesetzt wurde, sobald die Rädelsführer beseitigt waren. Damit sind die Probleme und Schwierigkeiten, die sich hier auftun, aus der Erfahrung der mittelalterlichen Städte ziemlich genau beschrieben (Discorsi sopra la Prima Deca di Tito Livio 3,27. Ausgabe Turin 1983. 464. Übersetzung Carlo Schmid).

Zu S. 21: Gerechtigkeit, zumeist: Rache:
Gehrke, Die Griechen und die Rache. Ein Versuch in historischer Psychologie. In: Saeculum 38,1987. 129f. 131.

Zu S. 21: Eide:
Demokraten vor der Rückkehr: Xenophon, Hell. 2,4,42. Dionysios, Einleitung zu Lysias 34 (wenn das richtig ist, so wäre ein solcher Eid – Dionysios spricht von einem Volksbeschluß – die sofortige Bekräftigung einer Abmachung durch die Versammlung der Demokraten [dēmos]) gewesen. – Alle: Andokides 1,90. Vgl. 103. – 401, nach der Rückkehr der Oligarchen aus Eleusis: Xenophon, Hell. 2,4,43. – Jahr für Jahr: Andokides 1,91. – Vgl. zu den Abmachungen: Thomas Clark Loenen, The Reconciliation Agreement of 403/402 B.C. in Athens. Stuttgart 1987. Ebd. 51f. 64ff. auch zur Rückgabe konfiszierten Eigentums, wobei die siegreichen Demokraten in Athen eher rücksichtsvoll verfahren zu sein scheinen. Eine überzeugende Rekonstruktion der politischen Zusammenhänge, aus der sich insbesondere das ganze Ausmaß der Schwierigkeiten ergibt, vor denen sich die siegreichen Demokraten 403 fanden, bietet Lehmann, s.o. zu 20. 201ff. Dort 221ff. zu den großen Zugeständnissen der Demokraten, 225 zu den Opfern, die die Geschädigten und Verfolgten der siegreichen Partei zu erbringen hatten; nicht zuletzt in Hinsicht auf die Konfiskationen. Ebd. 230 zur Erneuerung der Amnestie im Jahre 401.

Zu S. 21: Rechenschaft:
Andokides 1,90. Athenaíōn politeía 39,6.

Zu S. 21: Wir wissen nicht, wie lange:
Der letzte überlieferte Fall (in dem einem Mann die Eignung zum Archontat wegen seines Verhaltens unter der Oligarchie bestritten wurde) fällt ins Jahr 383/2 (Lysias 26. Nippel 116).

Zu S. 22: Amnestien:
Georg Busolt, Griechische Staatskunde 1. München 1920. 236,4. 238. Zur Frage, ob Solon wirklich eine erste Amnestie erlassen hat: C. Hignett, A History of the Athenian Constitution. 2. Aufl. Oxford 1958. 311ff.

Zu S. 22: Vernichtung von Inschriften:
Andokides 1,79. Alfred P. Dorjahn, Political Forgiveness in Old Athens. The Amnesty of 403 B.C. Evanston 1946. 1ff. In gewissem Sinne vergleichbar sind verschiedene bei andern Gelegenheiten bezeugte Verbrennungen von Akten und Briefen.

Zu S. 22: Anklage vor Gericht als Rache:
Lysias 18,18. Gehrke, Stasis 208ff. 236.

Zu S. 23: Bürgerkriegspartei, die siegreiche:
Dazu u. S. 36ff.

Zu S. 23: Peter Bender:
Erinnern und Vergessen. Deutsche Geschichte 1945 und 1989. In: Sinn und Form 60,2008,585. 587. 589. 590. Wieder abgedruckt in: P. B., Zweimal Deutschland. Eine ungeteilte Nachkriegsgeschichte 1945 – 1990. München 2009.

Zu S. 23: Nicht einzige Vergessens-Bedürftige:
Dazu: Julien Freund, Amnestie – ein auferlegtes Vergessen. In: Der Staat 2,1971,173ff.

Zu S. 23: Einträchtig zu besorgen:
Andokides 1,140. Lysias 18,17f. 25,20. Isokrates 18,44. 68. 7,69. Athenaíōn politeía 40,3. A. Moulakis, Homonoia. München 1993. E. Lévy, Athènes devant la Défaite de 404. Athen/Paris 1976. 209ff. – Vgl. aus der Erfahrung des konfessionellen Bürgerkriegs in Frankreich Antoine de Loisel im Jahre 1582: *optima belli civi-*

lis defensio oblivio (das Seneca-Zitat). Gegenseitiges Verzeihen ist unmöglich, das einzige Heilmittel sei also: *n'en parler, et ny penser iamais* (Roman Schnur, Die französischen Juristen im konfessionellen Bürgerkrieg des 16. Jahrhunderts. Ein Beitrag zur Entstehungsgeschichte des modernen Staates. Berlin 1962. 38f.).

Zu S. 24: Was in concreto …:

Keine Anklagen (Nippel 112ff. mit Aufzählung der möglichen Delikte). – Todesurteil und Hinrichtung: Lysias 13,55f. – Dokimasie: Nippel 115. Die Bestimmungen zur Dokimasie waren im Hinblick auf die Oligarchen von 404/3 offenbar verschärft worden: Lysias 26,9. Verschiedene von ihnen sind aber wieder zu Amt und Würden gelangt (Nippel 116), was für das Funktionieren der Amnestie spricht.

Zu S. 24: … nicht fugendicht:

Vgl. die Klagen bei Andokides 1,103ff. Lysias 25,29f. Isokrates 18,1ff. Nippel 113f. – Es ist verständlich, daß besonders üble Denunzianten wie Batrachos es nicht riskierten, aus dem Exil heimzukehren (Lysias 6,45). – Auf Übertretungen des Beeideten könnte sich Platon (respektive der Verfasser des 7. Platonischen Briefes) 325b beziehen, der den athenischen Demokraten grundsätzlich Milde attestiert, aber dazu bemerkt, verständlicherweise hätten einige von ihnen an einigen ihrer Feinde in größerem Maßstab Rache genommen.

Zu S. 24: Verfechter der Amnestie:

Das Gesetz: Isokrates 18,2f. Das Exempel: Athenaíōn politeía 40,2 (wobei die Kommentare von P. J. Rhodes und Mortimer Chambers zu den rechtlichen Problemen zu vergleichen sind).

Zu S. 25: Genauere Formeln …:

Xenophon, Hell. 4,4,5. Gehrke, Stasis 262f.

Zu S. 26: An das Gedächtnis appellieren:

Lysias 12,94. 96. 13,43f. 48. Vgl. 26,1.

Zu S. 26: Alternativlosigkeit der Demokratie:
Lysias 34,1.

Zu S. 27: Laute Zurufe:
Platon, Protagoras 319b/c.

Zu S. 27: Bewunderung der Stadt:
Andokides 1,140. Lysias 2,64. Isokrates 18,31. 45f. Aischines 2,176. 3,208. Vgl. Athenaíōn politeía 40,3. Zum Mißtrauen vorher und weiterhin: Lehmann, Machtergreifung 224. 226,65.

Zu S. 28: Dem Erdboden gleichgemacht:
Xenophon, Hell. 2,2,19.

Zu S. 28: Ganze Bürgerschaften:
Thukydides 1,114. 4,110. 114. 130f. 5,2ff. vgl. Xenophon, Hell. 2,1,31

Zu S. 28: Starke Gruppe:
Siehe auch Lysias 25,23. 28. Sie könnten dazu beigetragen haben, daß vor den Geschworenen Anklagen, welche gegen Verträge und Eide verstießen, erfolglos blieben (wofür es indes keine Belege gibt).

Zu S. 28: Athen mehr als die Summe seiner Bürger:
Nicole Loreaux, L'Invention d'Athènes. Paris u.a. 1981. 275ff.

Zu S. 29: Am Ende der Odyssee:
Interessant sind die Einzelheiten: Väter und Brüder laufen auf der Agora zusammen (420). Eupeithes ruft sie auf, Rache zu nehmen für die Ermordung der Ihren. Andernfalls müßten sie sich ewig schämen (432ff.). Und er mahnt zur Eile. Als es aber ernst wird, greift nur ein Teil von ihnen (indes »mehr als die Hälfte« 464) zu den Waffen. Einerseits waren gleich nach Eupeithes Zeugen aufgetreten, die erklärten, Odysseus habe offensichtlich göttlichen Beistand genossen (443ff.). Andererseits hatte ihnen der weise Halitherses vorgehalten, die Väter seien selbst schuld (weil sie dem unrechtmäßigen Treiben ihrer Söhne trotz seiner Mahnungen nicht Einhalt geboten hätten [451ff.]). Wir finden hier übrigens einen sehr schönen Beleg dafür, wie sehr in diesem Epos, in

dem das objektive Recht bewußt zu werden beginnt, Fragen der Schuld dem Rachebegehren schon in die Quere kommen konnten. Als die Angehörigen der Opfer sich versammeln (468), bekommt es Athene mit der Angst zu tun. Sie fragt Zeus, was er vorhabe. »Wirst du weiter schlimmen Krieg und schreckliches Getümmel bewirken oder setzest du Freundschaft zwischen beiden Seiten?« (475f.). Er antwortet, es stehe ihr frei, zu tun, was sie wolle, »doch sage ich dir, wie es recht ist. Nachdem es der göttliche Odysseus die Freier büßen ließ, soll man verläßliche Eidesopfer schlachten, daß er als König herrsche immer ...« (481ff. Darauf folgt das im Text Zitierte). Zunächst entbrennt der Kampf. Odysseus tötet Eupeithes, den Anführer, und ist dabei, die andern zu erschlagen. Da sucht Athene Einhalt zu gebieten: »Haltet ein mit dem schmerzlichen Streit, Männer von Ithaka! Damit ihr ohne Blutvergießen aufs schnellste auseinanderkommt!« (531f.). Odysseus' Gegner ergreifen die Flucht, er selbst aber will noch kein Ende machen. Schließlich sendet Zeus seinen Blitz, und zwar vor die Füße der Athene. Sie fordert ihren Schützling auf, Frieden zu geben, und setzt ein Schwuropfer zwischen den beiden Seiten.

Zu S. 29: Seneca:
Controversiae 10,3,5. Nicolas Sarkozy erklärte am 9. November 2009 in Paris, die beste Abwehr des Bürgerkriegs sei Vergessen.

Zu S. 30: Vergessen (oblivio):
Dazu Valerius Maximus 4,1. Ext. 4: Er lobt den Entschluß *ne qua praeteritarum rerum mentio fieret*. Dann fährt er fort: *Haec oblivio, quam Athenienses amnestian vocant, concussum et labentem civitatis statum in pristinum habitum revocavit.*

Zu S. 30: Vergessen im Sinne einer aktiven Tätigkeit:
Jacob Grimm/Wilhelm Grimm, Deutsches Wörterbuch. Zwölfter Band I. Abteilung. Leipzig 1956. (420: 7): Mitunter ist Vergessen *»mehr eine absichtliche thätigkeit* und *es nimmt alsdann die bedeutung an ›aus dem sinne schlagen, ein ende machen‹ ...«.*

Zu S. 30: Göttin Dikē:

Solon 3,14f. Aischylos, Fragment 530 (Mette) = 282 (Lloyd Jones), 21f. Bei Euripides, Fragment 506, ist von *pínaka kakôn* die Rede. Entsprechende Aussagen finden sich zu den Erinyen (die Heraklit, Fragment 94 [Vorsokratiker 1,172], zu Helfern der Dikē macht): Aischylos, Eumeniden 388f.: *kakôn mnḗmones*. Prometheus 516. Sophokles, Aias 1389ff. Plutarch, De Defectu Oraculorum 15 (418b/c). Auch die Vorstellung, daß Unrecht, und sei es im dritten und vierten Glied, bestraft wird, setzt solch Gedächtnis voraus. Zum Dikē-Glauben insgesamt: Kurt Latte, Kleine Schriften zu Religion, Recht, Literatur und Sprache der Griechen und Römer. München 1968. 241ff.

Zu S. 30: Drittes und viertes Glied:

Solon 1,29f. (vgl. 1,8. 17. 25). Theognis 735ff. Euripides, Fragment 835. Ulrich v. Wilamowitz, Der Glaube der Hellenen. 3. Aufl. Darmstadt 1959. 2,122f. Robert Parker, Miasma. Pollution and Purification in Early Greek Religion. Oxford 1983. 201f.

Zu S. 30: Das friedliche Zusammenleben wichtiger als die Gerechtigkeit:

Andokides 1,140.

Zu S. 30: Über die Erwiderung des Erlittenen hinaus:

Thukydides 3,82,3. Gehrke, Rache 136.

Zu S. 31: Kein schlechtes Gewissen:

Gehrke, Rache.

Zu S. 31: Die Gründe dafür:

Ch. Meier, Kultur (wie o. zu S. 16) 68ff. 196ff. 222ff.

Zu S. 32: Freunden nutzen, Feinden schaden:

Zusammenstellung von Belegen: Ch. M., Die politische Identität der Griechen. In: O. Marquard/K. Stierle, Identität. München 1979. 381,27. Hinzuzufügen wäre: Theognis 341ff. 561f. 869ff. 1032f. 1091f. 1107f. Euripides, Medea 809. Herakles 585f. Lysias 6,7. 19,59. 25,15 (Ausnahme, die die Regel bestätigt). Platon, Gorgias 492b/c. Politeia 334b. Menon 71d. – Xenophon, Memorabilien 2,1,35 bezeugt, daß man Freunde und Feinde im Erweisen von Wohl- wie Übeltaten zu übertreffen suchte (vgl. Gehrke, Rache 133,71).

Zu S. 32: Die Verhältnisse fluktuierten:
Ch. M., Kultur 223.

Zu S. 32: Nachgeben als Schwäche:
Gehrke, Rache 134ff.

Zu S. 32: Sterben möchte ich …:
Theognis 343f.

Zu S. 32: Man betete:
Alkaios 35b 5D.

Zu S. 33: Zur Rache verpflichtet:
Lysias 13,42. Gehrke, Rache 130f. – Umgekehrt hat der Kentaur Nessos noch im Sterben seine Rache an Herakles vorbereitet (Sophokles, Trachinerinnen 707ff. 1163).

Zu S. 33: Staseis:
Zum Begriff: Ch. Meier. In: Otto Brunner/Werner Conze/Reinhart Koselleck. Geschichtliche Grundbegriffe 5. Stuttgart 1984. 665ff. Kultur 222ff.

Zu S. 33: Selten auf Dauer:
Gehrke, Stasis (wie zu o. S. 18) 232ff.

Zu S. 33: Auf Mittel sinnen:
Hierzu gehört etwa die Einschränkung der Selbsthilfe durch Gerichtsverfahren. Vgl. Latte, Kleine Schriften 268ff. Hans Julius Wolff, Der Ursprung des gerichtlichen Rechtsstreits bei den Griechen. In: H. J. Wolff, Beiträge zur Rechtsgeschichte Altgriechenlands und des hellenistisch-römischen Ägyptens. Weimar 1961. 1ff. Zu den auswärtigen Mächten: Gehrke, Stasis 261. Einen interessanten, freilich wirkungslosen Versuch zur institutionellen Abhilfe stellt Solons Stasis-Gesetz dar. Dazu Ch. Meier, Die Gewalt und das Politische. In: Berlin-Brandenburgische Akademie

der Wissenschaften. Jahrbuch 1994. 178. Interessante Vergleichsmöglichkeiten bietet das mittelalterliche Florenz. Kurz dazu Ch. Meier, Überlegungen zur Geschichte der Gewalt. In: Historisches Kolleg 1989–1990. München 1991. 32ff. Die Materie wird im Rahmen des Problems der Verfassungsumstürze mitbehandelt im 5. Buch der Politik des Aristoteles.

Zu S. 34: Die Mittleren:

Peter Spahn, Mittelschicht und Polisbildung. Frankfurt/Bern/Las Vegas 1977. Ch. M., Kultur 141. 144. 146 u.ö. Man konnte das Wort sowohl politisch im Sinne von unbeteiligt an den Parteiungen wie soziologisch verstehen. Institutionell konnte nur die Mittelschicht ins Spiel gebracht werden. Aber die Unbeteiligten könnten sich von Fall zu Fall vorher schon und daneben gelegentlich eingeschaltet haben; so entsprach es jedenfalls ihren Interessen am inneren Frieden. So finden wir es einmal auch bei Machiavelli berichtet: Als aber Kaiser Friedrich starb, schien es denjenigen Einwohnern von Florenz, die parteilos geblieben und auf die Menge Einfluß übten, es sei besser, die Stadt zur Eintracht zurückzuführen als sie durch diese Spaltung zugrunde zu richten. Sie brachten es also dahin, daß die Guelfen, der Unbilden vergessend, heimkehrten und die Ghibellinen, den Verdacht aufgebend, sie wieder aufnahmen (Florentinische Geschichte, Übers. A. von Reumont, Wien 1934. 71).

Zu S. 34: Lange Reihe von Verfassungsumstürzen:

Dazu bietet Gehrke eine sehr gute, eingehende Zusammenstellung und Interpretation. Zu Tötungen und Massakern 234ff. 248ff. 251. Vgl. auch Jakob Seibert, Die politischen Flüchtlinge und Verbannten in der griechischen Geschichte. Von den Anfängen bis zur Unterwerfung durch die Römer. Darmstadt 1979.

Zu S. 35: Anmut:

Ch. Meier, Politik und Anmut. Eine wenig zeitgemäße Betrachtung. 2. Aufl. Stuttgart/Leipzig 2000. Kultur 200f.

Zu S. 35: Handlungskompetenzen: dem Vergessen anheimgeben:

Dazu Loraux, L'Oubli dans la Cité. In: Le Temps de la Reflexion 1,1980,233ff. L'Ame de la Cité. In: L'Ecrit du Temps 14/15,1987. Man sollte diese Fähigkeit allerdings nicht zu hoch veranschlagen. Egon Flaig, Amnestie und Amnesie in der griechischen Kultur. Das vergessene Selbstopfer für den Sieg im athenischen Bürgerkrieg 403 v. Chr. In: Saeculum 42,1991,137,1. Er nennt »das Politische bei den Griechen … ein Feld verordneten Vergessens« und setzt damit eine Einmütigkeit an, die gerade aufgrund der auch von ihm stark herausgestrichenen Rachementalität der Griechen so leicht nicht hat entstehen können; es sei denn dank des Übergewichts der »Mittleren«. Übrigens ruht das ganze Gebäude dieser Theorie auf Sand. Zum einen werden Schlüsse *e silentio* gezogen, die nicht sehr wahrscheinlich sind, deren Zuverlässigkeit auch nicht näher begründet wird. Zum zweiten wird eine Herrschaft der Sieger, in diesem Fall der attischen Demokratie, über das Gedächtnis der Besiegten vorausgesetzt, für die nun wirklich gar nichts spricht. Gerade über das Gedächtnis dieser Besiegten konnten die Sieger kaum die Herrschaft ausüben. Schließlich waren die Oligarchen am ehesten in der Lage, sich schriftlich zu äußern. Xenophon selbst, aus dem Flaig seine (in der Tat interessante und bedenkenswerte) Information über den Seher bezieht, der sich in der Schlacht im Piräus selbst opferte, gehörte dazu. Wenn man bedenkt, an was alles Athener sich nach 403 trotz des Schwurs, das Schlimme nicht zu erinnern, öffentlich erinnert haben, kann man Flaigs Erklärung (139) für die Nicht-Überlieferung des Namens des Sehers nicht viel Überzeugendes abgewinnen. Zur Aussonderung der Dreißig als Voraussetzung der Versöhnung (140f.) vgl. das Machiavelli-Zitat zu o. S. 21. Seine Unterscheidung zwischen dem, was in der Historiographie, und dem, was im allgemeinen Wissen der Griechen erinnert wurde (144ff.), ist im ganzen sicher zutreffend. Aber dann darf man aus der Historiographie nicht so unvermittelt auf allgemeines Vergessen Schlüsse ziehen, wie Nicole Loraux und er das tun. Einige Überlegungen darüber, wie unsere Überlieferung zustande gekommen ist, welche taktischen Überlegungen und Auseinandersetzungen dafür sprachen, die Begründung der Demokratie zeitlich immer weiter vorzudatieren (vgl. Eberhard Ruschenbusch, *Patrios Politeia*. Theseus, Drakon, Solon und Kleisthenes in Publizistik und Geschichtsschreibung des 5. und 4. Jahrhunderts v. Chr. In: Historia 7,1958, 398ff.), hätten in diesem Zusammenhang sicher gut getan.

Zu S. 35: In den Quellen:
Hermann Diels, Fragmente der Vorsokratiker. 16. Aufl. Berlin 1961. 63 (Kleobul 14. Chilon 20).

Zu S. 36: Alkaios:
Diogenes Laertios, Vitae philosophorum 1,76; ich weiß nicht, warum man diese Sentenz als »orientalische Gnome« bezeichnen soll, so jedoch Egon Flaig 137,1. Denn zumindest Versuche in dieser Richtung konnten doch wohl auch griechischen Weisen als vernünftig, ja als dringend erscheinen. Vgl. die Mahnungen des Phoinix bei Homer, Ilias 9,496ff. Zu Sophokles: S. Said, La Tragédie de la Vengeance. In: Gerard Courtois, La Vengeance dans la Pensée occidentale. Paris 1984. 58ff. Auch Herodot 9,79. Als Ausnahme wird zitiert, daß Phokion seinem Sohn aufgetragen habe, das ihm angetane Unrecht nicht zu rächen (Aelian 12,49); vgl. dazu jedoch Jacob Burckhardt, Griechische Kulturgeschichte 2. Darmstadt 1962. 325. Allzu ausschweifende Rache übrigens strafen die Götter (Herodot 4,205. Vgl. Pausanias 9,17,4). – Euripides, Hiketiden 555f.. nimmt das Auf und Ab des menschlichen Lebens als Argument dafür, daß man, wenn man Unrecht erleidet, nicht auf Rache sinne und derart Unrecht täte, daß es der Stadt schade. – Eigentümlicherweise soll, wiederum laut Diogenes Laertios, Pittakos gesagt haben: Verzeihung ist besser als Reue.

Zu S. 36: Sokrates:
Platon, Gorgias 469b u.ö.
Zu S. 36: Hochherzige:
Lysias 18,19. Aristoteles, Nikomachische Ethik 1125a 3f. Auch 1124a 11 (vgl. Rhetorik 1381b 4).
Zu S. 36: Poseidon:
Plutarch, Quaestiones convivales 9,6 (p. 741 A.B.).
Zu S. 37: Thrasybul:
Spartanischer Druck: Lehmann, Machtergreifung 221. 223ff. Beachtlich auch seine Erwägungen zum Phormisios-Dekret 227ff. – Gewährleistung von Straflosigkeit für die Unterlegenen als Mittel, um die Dauer der Ordnung zu gewährleisten: Lysias 25,28.
Zu S. 37: Platon:
Briefe 7,336e.
Zu S. 38: Areopag, seiner politischen Funktion beraubt:
Ch. Meier, Der Umbruch zur Demokratie in Athen (462/61 v. Chr.). In: R. Herzog/R. Koselleck, Epochenschwelle und Epochenbewußtsein. München 1987. 353ff.
Zu S. 38: Aischylos' Orestie:
Weiter ausgeführt bei Ch. Meier, Die politische Kunst der griechischen Tragödie. München 1988. 117ff. Auch: Entstehung des Politischen bei den Griechen. Frankfurt 1980. 144ff.
Zu S. 38: Nach ihrer Tat findet Klytaimestra:
Agamemnon 1569ff.
Zu S. 39: Segensgesänge:
Eumeniden 976ff.
Zu S. 40: Kant:
Die Metaphysik der Sitten § 58. Werke hg. W. Weischedel 4,470. Hierzu und zum Folgenden Fisch (o. zu S. 11) Kapitel 1.
Zu S. 41: Westfälischer Frieden:
Konrad Müller, Instrumenta Pacis Westphalicae. Quellen zur Neueren Geschichte 12/13. Bern 1949. 102. – Fisch 115f.

Zu S. 41: Ostverträge 1918:
Fisch 115f.: »Unter dem allgemeinen Titel ›Amnestie‹ ist danach nur von ›Straffreiheit‹ die Rede«. Die Betonung des Vergessens geht mehr und mehr zurück. »Daraus entsteht eine Gefährdung der Amnestie selbst: Wenn deren Grundlage (das Vergessen) in Vergessenheit gerät, so wird die Existenz der Folge (Straflosigkeit) immer weniger zwingend und überzeugend.«

Zu S. 41: Heinrich IV.:
Édit de Pacification, suivi des Articles Secrets. In: Isambert/Taillandier/M. Decrusy (Hg.), Recueil Général des Anciennes Lois Françaises depuis l'An 420 jusqu'à la Révolution de 1789. Band 15 (Paris 1829) 172f. Ebd. 76ff. das Edikt »sur la Réduction de Paris« von 1594, in dem der König verkündet: »Wer sich mir unterwirft, hält Einzug in das Haus des Vergessens.« Der Kreis derer, die von der Amnestie ausgenommen waren, war relativ begrenzt; sie wurden nicht vor Gericht gestellt, sondern verbannt. Vgl. dazu Helmut Quaritsch, Über Bürgerkriegs- und Feind-Amnestien. In: Der Staat 31,1992,407ff. Auch Schnur o. zu S. 104. 59ff.

Zu S. 41: Karl II.:
Andrew Browning (Hg.), English Historical Documents 1660–1714. London 1953. 164f. Quaritsch 411ff.

Zu S. 42: Ludwig XVIII.:
Philip Mansel, Louis XVIII. London 1981. Gudrun Gersmann, Zur Debatte um die *Régicides* in der Restauration, sowie Winfried Schulze: Die Debatte um die Entschädigung der Emigranten. In: G. Gersmann/Hubertus Kohle (Hg.), Frankreich 1815–1830. Trauma oder Utopie. Die Gesellschaft der Restauration und das Erbe der Revolution. Stuttgart 1993. Interessant dort auch die Ausführungen über die Colonne Vendôme: Die besondere Bedeutung des Andenkens an Napoleon als Heerführer – nicht zuletzt der Soldaten wegen (Edgar Schmitz, ebd. 187ff.). – Napoleon selbst

hatte nach der Rückkehr von Elba Amnestie für das Gros derer verkündet, die sich auf die Seite Ludwigs gestellt hatten; allerdings mit Ausnahme von Talleyrand und wenigen anderen.

Zu S. 42: J. Burckhardt:

Über das Studium der Geschichte (Hg. Peter Ganz). München 1982. 363.

Zu S. 43: Versailles:

Fisch 204ff. 229ff. Grundsatz Strafende Gerechtigkeit, »ein Wahnsinn«: E. Kaufmann. In: Veröffentlichungen der Vereinigung der deutschen Staatsrechtslehrer 3,1927,14. – Das Zitat zur Abrechnung: Mantelnote zur Antwort der Alliierten und Assoziierten Mächte vom 16. Juni 1919 auf die Bemerkungen der deutschen Delegation zu den Friedensbedingungen. In: Fritz Berber (Hg.), Das Diktat von Versailles. Entstehung – Inhalt – Zerfall. Eine Darstellung in Dokumenten. Essen 1939. 69ff. 73.

Zu S. 44: Praktisch freilich:

Gerd Hankel, Die Leipziger Prozesse. Hamburg 2003.

Zu S. 44: Nietzsche:

Zur Genealogie der Moral. 2. Abh. »Schuld«, »schlechtes Gewissen« und Verwandtes. Abschnitt 3. Jenseits von Gut und Böse. Viertes Hauptstück 68.

Zu S. 45: »Immer dran denken …«

Gambetta am 22. September 1872 in Chambéry: Pensons sans cesse à ça que nous avons à faire, mais n'en parlons jamais! In: Discours et Plaidoyers de M. Gambetta. 3. Deuxième partie (19. Sept. 1872 – 16. Mai 1873), hg. v. J. Rainach. Paris 1891. 49. Vgl. Markus Völkel, Geschichte als Vergeltung. Zur Grundlegung des Revanchegedankens in der deutsch-französischen Historikerdiskussion von 1870/71. In: Historische Zeitschrift 257, 1993, 63ff. Jürgen Schivelbusch, Kultur der Niederlage. Berlin 2002. 177.

Zu S. 47: Mitterrand:

Fritz Vannahme, in: Die Zeit 16.9.94.

Zu S. 51: Hellmut Becker:
Ian Buruma, Erbschaft der Schuld. Vergangenheitsbewältigung in Deutschland und Japan. München 1994. 185.

Zu S. 51: Joseph Rovan:
Das Erbe der Tyrannei. Kurzer oder langer Prozeß? Wie nach dem Ende eines Unrechtsregimes mit den Verantwortlichen zu verfahren ist. In: FAZ 8.8.92.

Zu S. 51: Verfolgt werden sollte ...:
Zum Folgenden guter Überblick: Klaus-Dietmar Henke, Die Trennung vom Nationalsozialismus. In: K.-D. Henke/Hans Woller, Politische Säuberung in Europa. München 1991. 21ff.

Zu S. 52: Oberbegriff Kriegsverbrechen:
Peter Graf Kielmansegg, Lange Schatten. Vom Umgang der Deutschen mit der nationalsozialistischen Vergangenheit. Berlin 1989. 47.

Zu S. 52: Die Zahl:
Henke 74ff. Insgesamt dürften 50 000 bis 60 000 Personen innerhalb und außerhalb Deutschlands verurteilt worden sein. 1946/47 lieferten die Amerikaner 3914 als Kriegsverbrecher Gesuchte aus ihrer Zone an insgesamt 16 europäische Länder aus.

Zu S. 53: Schließlich verschmolzen ...:
Lutz Niethammer, Die Mitläuferfabrik. Die Entnazifizierung am Beispiel Bayerns. Berlin 1982. 652.

Zu S. 53: Als schließlich gegen die mutmaßlichen ...:
Dazu etwa Barbara Fait, Die Kreisleiter der NSDAP – nach 1945. In: M. Broszat/Henke/Woller, Von Stalingrad zur Währungsreform. München 1989. 213ff.

Zu S. 53: »Exkulpationssolidarität«:
Lange Schatten 35.

Zu S. 53: Indes könnte man sich fragen:
Vgl. Henke 56ff. 63.

Zu S. 54: Eugen Kogon:
Das Recht auf politischen Irrtum. In: Frankfurter Hefte – Zeitschrift für Kultur und Politik. 2, Juli 1947, 641ff. Das folgende Zitat S. 655.

Zu S. 55: Mitscherlich:
Die Unfähigkeit zu trauern. Grundlagen kollektiven Verhaltens. 1967. 18. Aufl. (154.–161. Tausend) August 1986.

Zu S. 55: Norbert Frei:
Vergangenheitspolitik. Die Anfänge der Bundesrepublik und die NS-Vergangenheit. München 1996. Die folgenden Ausführungen stützen sich weitgehend auf diese Arbeit.

Zu S. 56: Adenauer war sorgfältig …:
Gleichgültig, wie weit er in vollem Umfang davon überzeugt war: Es wirkte sich darin die alte Scheidung zwischen Hauptschuldigen und Gros aus. – Vielleicht darf man in diesem Zusammenhang auf eine interessante Einzelheit aus dem Jerusalemer Eichmann-Prozeß hinweisen: Ben Gurion ließ sich die Eröffnungsrede des Staatsanwalts Gideon Hausner vorlegen, um sie auf potentiell schädliche Aussagen zu überprüfen. Nur eine Änderung war ihm wichtig: Jedesmal, wo vom »deutschen Volk« die Rede war, ersetzte Ben Gurion den Ausdruck durch »Nazi-Deutschland«. Gil Yaron, »Wir und die ermordeten Juden sind eins«. In: DAMALS. Das Magazin für Geschichte. 42. Jahrgang 5,2010,10ff.

Zu S. 58: Mitscherlich
Mitscherlich, Die Unfähigkeit zu trauern. 58.

Zu S. 58: Arthur Koestler:
Politische Neurosen. In: Der Monat 56,1953,229.

Zu S. 59: Thomas Bernhard:
Auslöschung. Frankfurt 1986. 459.

Zu S. 59: Adenauer:
Teegespräche 1950–1954. Berlin 1984. 129 (6. September 1951).

Zu S. 60: Hermann Ehlers:
Botschaft und Dienst. Dezember 1951. 230.
Zu S. 60: Kogon:
Beinahe mit dem Rücken an der Wand. In: Frankfurter Hefte 9. 1954,641ff.
Zu S. 60: Zehn Prozent derer …:
Henke 52f.
Zu S. 60: Kielmansegg:
Lange Schatten 40f.
Zu S. 60: Kielinger:
Impressum 3, 1988.
Zu S. 61: Auerbach:
Rudolf Neumaier, Ein Opfer seiner Pflicht. In: Süddeutsche Zeitung 16.9.2006. – Vgl. zum gesamten Komplex: Hans Günter Hockerts, Wiedergutmachung in Deutschland. Eine historische Bilanz 1945/2000. In: Vierteljahrshefte für Zeitgeschichte 49, 2001. – Vgl. Christian Pross, Wiedergutmachung. Der Kleinkrieg gegen die Opfer. Frankfurt 1988.– Vgl. Constantin Goschler, Der Fall Philipp Auerbach. Wiedergutmachung in Bayern. In: Ludolf Herbst/Constantin Goschler (Hg.), Wiedergutmachung in der Bundesrepublik Deutschland. München 1989. 77 – 98.
Zu S. 62: Fast vollständiger Stillstand:
Kielmansegg 45.
Zu S. 63: Ulrich Herbert:
Legt die Plakate nieder, ihr Streiter für die Gerechtigkeit. In: FAZ 29.1.2001.
Zu S. 64: Vielmehr hätte das …:
Zur »pauschalen Solidarisierung« der Eliten nach außen bei durchaus lebhaften Debatten in kleinem Kreise: Henke 58. – Nach Hermann Lübbe, Der Nationalsozialismus im Bewußtsein der deutschen Gegenwart. In: Historische Zeitschrift 236,1983,579ff., war das Beschweigen »das sozialpsychologisch und politisch nö-

tige Medium der Verwandlung unserer Nachkriegsbevölkerung in die Bürgerschaft der Bundesrepublik Deutschland«.

Zu S. 64: Wie hätten sie …:
Man muß auch bedenken, daß das Sich-Entschuldigen noch nicht Mode war (und es auch nicht sein konnte, da nur die Täter selbst, nicht deren Nachfolger und Kinder oder Kindeskinder damals hätten um Entschuldigung bitten können).

Zu S. 66: Theodor Heuss:
Ein Mahnmal. In: Der Monat 5. Januar 1953, 355.

Zu S. 66: Kollektivschuld:
Ch. M., Vierzig Jahre 97.

Zu S. 66: »Vergangenheitsbewältigung«:
Alexander und Margarete Mitscherlich führen dazu aus, es sei »klar, daß man millionenfachen Mord nicht ›bewältigen‹ kann«. Mit »Bewältigen« sei in diesem Zusammenhang »eine Folge von Erkenntnisfortschritten gemeint«, welche Freud als »Erinnern, Wiederholen, Durcharbeiten« benannt habe. Wiederholung innerer Auseinandersetzungen sei notwendig (Unfähigkeit zu trauern 24). Mir scheint, das Wort »Bewältigen«, das in der klinischen Praxis seinen guten Sinn haben wird, gleichwohl ein Indiz dafür zu sein, daß man mit der Sache fertig werden wollte. Was eine Illusion war. »Vergangenheit kann allenfalls so bewältigt werden, wie Sisyphus seinen Stein den Berg hinaufrollt. Der entgleitet ihm wieder, und er muß von vorn beginnen«. So Stefan Hermlin. Zitiert bei P. Bender, Zweimal Deutschland 78.

Zu S. 66: Adorno:
Was bedeutet: Aufarbeitung der Vergangenheit? In: Th. A., Gesammelte Schriften 10, 2. Frankfurt 1977. 555ff.

Zu S. 67: Adenauer:
Rainer Blasius, Der gute Wille muß auch anerkannt werden. In: FAZ 12.3.2009. Zu dem Essen auch der Bericht eines Augen-

zeugen: Amos Elon (u. zu S. 96), der allerdings diese Äußerung nicht hat.

Zu S. 67: Theodor Heuss:
Fernsehinterview, Thilo Koch gegeben. Abgedruckt in: Theodor Heuss. Der Mann, das Werk, die Zeit. Eine Ausstellung. Theodor-Heuss-Archiv 1967. 413.

Zu S. 68: Staatsverbrechen nicht einfach Naturkatastrophen:
Herbert Jäger. In: Adalbert Rückerl, NS-Verbrecher vor Gericht. 2. Aufl. Heidelberg 1984. 322 (zitiert nach Kielmansegg 98).

Zu S. 72: Bücher und Theaterstücke:
Einiges aufgeführt bei Ch. Meier, Vierzig Jahre 55ff. vgl. 71. – Übrigens sollte man nicht übersehen, daß schon in den vierziger Jahren Eugen Kogons SS-Staat, erstmals erschienen 1946, vom Druckhaus Tempelhof in Berlin in 100 000 Exemplaren herausgebracht wurde (1947), nicht zu reden von den hohen Auflagen, welche die Tagebücher der Anne Frank in den fünfziger Jahren erfuhren. Man nahm also schon einiges zur Kenntnis, nur wirkte sich das im öffentlichen Diskurs kaum aus.

Zu S. 73: Holocaustfilm:
Peter Märthesheimer/Ivo Frenzel, Im Kreuzfeuer: Der Fernsehfilm ›Holocaust‹. Eine Nation ist betroffen. Frankfurt 1979. 1.–30. Tausend wie 31.–50. Tausend im März.

Zu S. 73: Santayana:
The Life of Reason. Vol. 1. 1905.

Zu S. 75: Goldhagen:
Vgl. Ch. Meier, Goldhagen und die Deutschen. In: Internationale Zeitschrift für Philosophie 1,1997. Das Verschwinden der Gegenwart. München 2001. 47f.

Zu S. 76: Erntet Bewunderung:
So schon Peter Steinbach, Nationalsozialistische Gewaltverbrechen. Die Diskussion in der deutschen Öffentlichkeit nach 1945.

Berlin 1981. 8: Eine in der Menschheitsgeschichte wohl einmalige radikale Auseinandersetzung mit der Vergangenheit.

Zu S. 77: Robert Darnton:
Der letzte Tanz auf der Mauer. Berliner Journal 1989/90. München 1991. 197.

Zu S. 77: Eine Unzahl von Denkmälern:
Peter Reichel, Politik mit der Erinnerung. Gedächtnisorte im Streit um die nationalsozialistische Vergangenheit. München 1995. Ch. Meier, Das Problem eines Berliner Denkmals. In: Die neue Gesellschaft/Frankfurter Hefte 1997. 733ff. Wieder abgedruckt in: Das Verschwinden der Gegenwart. 96. 100f., zu der Ersetzung älterer Denkmäler durch neue.

Zu S. 78: »Erinnerungskultur«:
Ch. Meier, Zum deutschen Gedenkwesen. In: Norbert Lammert (Hg.), Erinnerungskultur. Konrad-Adenauer-Stiftung 2004. 21ff.

Zu S. 78: Neue Wache zu Berlin:
Reinhart Koselleck, Bilderverbot. In: FAZ 8.4.1993. Stellen uns die Toten einen Termin? Ebd. 23.8.1993. Die falsche Ungeduld. In: Die Zeit 19.3.1998. Denkmäler sind Stolpersteine. In: Der Spiegel 3.2.1997. »Mies, medioker, provinziell«. In: taz 13.11.1993. – Zu einem in Hinblick auf das Stichwort Kultur auch nicht uninteressanten Nebenaspekt: Tilmann Buddensieg, Dank dem Bürger in Uniform. In: FAZ 23.3.1995. Reichel 231ff.

Zu S. 79: Historikerstreit:
Rudolf Augstein u.a., »Historikerstreit«. München/Zürich 1987. 9. Aufl. 1995. Vgl. Ch. M., Verschwinden 57. Dazu: Vierzig Jahre 97ff. (Man hält es kaum noch für möglich, was damals an Argumenten vorgebracht wurde).

Zu S. 80: Alexander und Margarete Mitscherlich:
Die Unfähigkeit zu trauern, die den beiden Autoren ursprünglich gleichsam eine objektive Gegebenheit gewesen war, gerät ihnen

für die Abfassungszeit des Buches, 1967, zum Vorwurf. Dabei hatte in der Zwischenzeit die Offenheit gegenüber dem Problem der NS-Vergangenheit stark zugenommen. Aber anstatt das wahrzunehmen, leeren sie einen ganzen Sack von Vorwürfen an die Adresse der Politik: Sie trieb nicht die von ihnen (als Konsequenz, wie sie meinten, von Auschwitz) für gut gehaltene Politik. – Aber damit nicht genug: Tilman Moser zeigt, daß auch in den Krankengeschichten deutlich wird, daß die Mitscherlichs ihren Nazi-Patienten eher inquisitorisch begegneten; von Einfühlungsbereitschaft sei wenig die Rede. Er findet eher einen Katalog von Beschimpfungen als Dokumente des Verstehenwollens und bezeugt sein »Unbehagen an der Vermischung von Psychoanalyse und vorwurfsvoller Moral«. In: Psyche 46,1992,389ff. – Indes ist es psychologisch nur allzu verständlich, daß sich die so ungemein belastende Erinnerung an Auschwitz in Vorwürfen gegen andere Luft schafft.

Zu S. 80: Daß im deutschen Gedenkwesen ...:
Zu Polen vgl. Krzemínski, zitiert in: Ch. M., Gedenkwesen 35f.

Zu S. 81: Italien und Frankreich:
Dazu Hans Woller und Henry Rousso. In: Henke/Woller, Säuberung 148ff. 192ff.

Zu S. 82: Norwegen und Niederlande:
Ebd. Stein U. Larsen und Peter Romijn/Gerhard Hirschfeld 241ff. 281ff.

Zu S. 83: Rußland:
Die Ansätze zu einer Verarbeitung der sowjetischen Vergangenheit (dazu etwa: Juri Afanassjew [Hg.], Es gibt keine Alternative zur Perestroika. Frankfurt 1988. 355ff.) sind rasch wieder in sich zusammengebrochen.

Zu S. 83: Katyn:
1990 hatte Michail Gorbatschow die Nachrichtenagentur Tass eingestehen lassen, daß die Morde von den Sowjets begangen

worden waren. Es sind daraus aber weiter keine Konsequenzen gezogen worden.

Zu S. 84: Joseph Rovan:

Erbe der Tyrannei. – Zur Amnestie der strafbaren Handlungen, die zwischen dem 15.8.45 und dem 15.8.49 im indonesischen Krieg begangen worden sind (wobei schwere Straftaten, insbesondere Kriegsverbrechen und Vergewaltigung ausgeschlossen sind): H. J. Albrecht, Braucht die Politik die Amnestie? In: Loccumer Protokolle 62.1988. Amnestie, Gnade, Politik.

Zu S. 84: Jorge Semprún:

Ihr Grab ist in den Wolken, da liegt man nicht eng. Rede anläßlich der Verleihung des Friedenspreises des Börsenvereins des deutschen Buchhandels. FAZ 10.10.1994.

Zu S. 84: »gruba kreska«:

Garton Ash (wie zu o. S. 99) 78.

Zu S. 84: Zumindest die Aufklärung:

Letzthin hat sogar Albanien die Gründung eines Instituts zur Untersuchung der kommunistischen Verbrechen angekündigt und will eine Sondereinheit zur Auffindung der Massengräber einrichten, in der Enver Hodschas Geheimdienst Sigurima seine Opfer verscharrte: Karl-Peter Schwarz, Der lange Schatten des Enver Hodscha. In: FAZ 1.3.2010.

Zu S. 85: American Holocaust:

David E. Stannard, American Holocaust: Columbus and the Conquest of the New World. New York u.a. 1992.

Zu S. 85: Wahrheits- und Versöhnungskommission:

Erinnern oder Vergeben? Südafrika und Deutschland gehen unterschiedlich mit Verbrechen der Vergangenheit um. In: Der Tagesspiegel 29.1.1996. Vgl. ebd. 23.2.1996: Ein voluminöses Geschenk kommt nicht gut an. Deutschlands Vergangenheitsbewältigung ist für Südafrika kein Vorbild. – Nachdem ursprünglich die Amnestie für Straftaten gegolten hatte, welche bis Dezember 1993 begangen worden waren, bezog Nelson Mandela im Dezember 1996 auch spätere (bis zu seinem Amtsantritt am 10. Mai 1994) mit ein. Von beiden Seiten waren während des Wahlkampfs noch Morde und Attentate begangen worden.

Zu S. 85: Ruanda:
Gerd Hankel, Vergangenheit, die nicht ruhen darf. In: Aus Politik und Zeitgeschichte 42/2006.

Zu S. 86: Timothy Garton Ash:
Geschichtsaufarbeitung (o. zu S. 99. 79).

Zu S. 87: Erzbischof Tutu:
Erinnern oder Vergeben? In: Der Tagesspiegel 29.1.1996.

Zu S. 88: Max Weber:
Gesammelte politische Schriften. München 1921. 484.

Zu S. 88: Genozid an Armeniern:
Sybille Thelen, Die Armenierfrage in der Türkei. Berlin 2010.

Zu S. 90: Machiavelli:
Storie Fiorentine 3,15 (Ausgabe Averardo Pippi. Turin/Mailand u.a. o.J. 154). Übers. Reumont. Wien 1934. 158.

Zu S. 91: Peter Bender:
Zum Folgenden s.o. zu S. 23. – Die Zitate im Wiederabdruck: 290 – 294 – 295f. – 297.

Zu S. 96: Nachgeholte DDR-Identität:
Vgl. den unten abgedruckten Vortrag.

Zu S. 96: … besser vergißt:
Eine sehr spezifische Ausprägung des Problems war Gegenstand einer erregten Debatte in Israel. Amos Elon, Politics of Memory. In: Jahrbuch des Wissenschaftskollegs zu Berlin 1991/92. 196ff. Mit Hinweis vor allem auf einen Ende der achtziger Jahre erschienenen Aufsatz von Yehuda Elkana in Haaretz: The Need to Forget. Er sieht als wesentliches Motiv der israelischen Beziehung zu den Palästinensern »a profound existential ›Angst‹ fed

by a particular interpretation of the lessons of the holocaust and the readyness to believe that the whole world is against us, that we are the eternal victim.« Vgl. jetzt Avraham Burg, Hitler besiegen. Warum Israel sich endlich vom Holocaust lösen muß. Frankfurt 2009.

II.
MENTALITÄTSPROBLEME DER DEUTSCHEN VEREINIGUNG

»Es sind doch Deutsche!«, ich hab' es noch im Ohr, wie mir das Anfang der neunziger Jahre verschiedentlich – und nachdrücklich – im Ausland eingewandt wurde, wenn ich versuchte, die ganze Schwierigkeit, die mentale Schwierigkeit der deutschen Vereinigung deutlich zu machen.

Und wenn ich hinzufügte, es sei nicht nur ein Segen, sondern auch ein großes Problem (vorsichtig gesagt) für die Deutschen der DDR – im Unterschied zu den Polen, Tschechen, Ungarn etc. –, daß sie ein Westdeutschland hätten, hat mir das ohnehin kaum einer geglaubt. Obwohl damals in der Presse gelegentlich mit dem Gedanken gespielt wurde. Das eine war klar: Die Bundesrepublik stand mit Geld, Rat, Hilfe jeder Art bereit und hat sie auch eingesetzt. Das andere trat demgegenüber in den Schatten. Schien nicht viel zu bedeuten.

Was ist schon Mentalität – verglichen mit Wirtschaft, politischem und administrativem Handeln, Organisation und Recht! Obwohl ziemlich rasch dann Vermutungen darüber grassierten, wie viele Jahrzehnte es wohl dauern könnte, bis die Klüfte zwischen Ost- und Westdeutschen sich eingeebnet hätten.

In Wirklichkeit nahm im Labor der Deutschen Vereinigung ein Riesenexperiment mit 16 Millionen Menschen seinen Anfang, das noch nicht zu Ende ist, obwohl es inzwischen in einigermaßen überschaubaren Bahnen zu laufen scheint. Ein Integrations-, ein Nations(neu)bildungsprozeß, der sich zudem in einem allmählich postnational (und postdemokratisch?) zu werden sich anschickenden Europa abspielt und für den ich keine Parallele wüßte.

Ich habe den Prozeß seit November 1989 etwa sechs Jahre lang mit einer langen Reihe von Publikationen begleitet. Die ersten davon wurden im Herbst 1990 zusammen in einem Buch abgedruckt; ein zweites Buch erschien im August 1991. In der Wiederbegegnung mit diesen Publikationen jetzt war es für mich erschreckend, was alles man schon im Juni 1990 (als ich die Einleitung zu dem ersten Buch schrieb) und im Frühjahr 1991 sehen konnte, aber zumeist nicht sah – und wie sehr die mentalen Tatbestände, die sich damals herauszukristallisieren begannen, bis heute gegeben sind, kaum vermindert, obwohl auf weniger weite Kreise eingeengt.

Die mentale Problematik der Vereinigung ergab sich nicht nur daraus, daß sich die Deutschen während der 40 Jahre der Teilung auseinandergelebt und recht unterschiedliche Eigenarten herausgebildet hatten. Vielmehr war es auch die Konstellation, in die West- und Ostdeutsche seit der Anbahnung der Vereinigung gerieten sowie die Weise, in der sie sich darin bewegten, welche dazu führte, daß sie sich einerseits und teilweise einander näherkamen, andererseits und teilweise schmerzlich voneinander entfernten, ja gegeneinander sperrten.

*

Ursprünglich waren die Bewohner der Sowjetischen Besatzungszone für die Westdeutschen Brüder und Schwestern gewesen. Vom gleichen Stamm gleichsam, Gleiche der Geschichte und der Eigenart nach – nur eben sowjetischer (und SED-)Herrschaft unterworfen, unfreiwillig. Daher getrennt von den Westdeutschen, schließlich gar eingesperrt hinter Mauern.

Dann wurde allmählich bewußt, daß sie andere wurden (oder schon geworden waren): Nicht nur die Objekte einer fremden oder jedenfalls fremdgestützten Herrschaft, sondern Teile eines anderen, anders gearteten Staates respektive der von ihm stark geformten Gesellschaft. Man beobachtet ein allmähliches Sich-Abfinden, Sich-Arrangieren mit dem Regime, wenn auch vielfach mit zahlreichen Vorbehalten.

Angesichts der Abschließung nach außen, der Tatsache, daß man wohl oder übel künftig in dem Staat nun mal zu leben hatte (den man zunächst doch eher als vorläufig ansehen konnte), daß die eigene Zukunft und die der eigenen Kinder in ihm statthaben sollten, mußte man Konzessionen machen. Die wenigsten sind ja dazu in der Lage, längere Zeit in totaler Negation zu verharren. Was in Deutschland ganz besonders gilt.

Es gibt in solchen Fällen Brücken von der Ab- zur Anlehnung. Man sucht sich Positives heraus (oder beginnt als positiv zu sehen, was man zuvor verneint hatte): Vielleicht ist ja doch nicht alles falsch, was die Herrschenden behaupten. Über den Westen etwa. Über dessen Revanchismus. Die vielen Nazis, die dort wieder in führenden Stellungen waren. Die Herrschaft des Geldes etc. Oder auch über die eigenen Verhältnisse, an denen sich nach Errichtung der Mauer ja sogar einiges zu bessern schien.

Man tendiert – wenn's nicht anders geht – dann auch dazu, zunächst moment- und versuchsweise, aber dann kann es sich wiederholen, zumindest mit der Idee des Regimes, mit dem, was es propagiert, ein wenig zu liebäugeln: Vielleicht ist doch etwas dran, obwohl natürlich die Praxis sehr zu wünschen übrigläßt. Kurz, es gibt Bahnen, auf denen sich zunächst abgelehnte, als bedrückend empfundene Regime in die Wertschätzungen der Beherrschten einschleichen können. Ohnehin können sie die in Anspruch nehmen. Und aus dem Beanspruchtsein ergeben sich dann gern irgendwann Ablagerungen in der Mentalität.

Die *reservationes mentales*, die man anfangs bei diesem und jenem gehabt hat, ebnen sich über die Zeit ein. Man schickt die Kinder zur Jugendweihe (sie sollen ja etwas werden), man tritt aus der Kirche aus (warum soll man sich Ärger einhandeln?).

Man übernimmt dieses und jenes Amt. Man führt aus, was man muß, und man beugt sich hier ein wenig oder da. Und irgendwie geht das leichter, wenn man nicht alles in Frage stellt. Wenn man es zumindest mit einer guten Idee akkordieren lassen kann. Offene Diskussionen, eine freie Presse gab es nicht. Die Bereiche waren in der DDR weitgehend gegeneinander abgeschirmt. Umfragen weisen darauf, daß DDR-Bürger sich immer mehr mit ihrem Staat zu identifizieren begannen; was bis in die achtziger Jahre hineinreicht.

Wenn man das so allgemein feststellt, läßt man beiseite, daß es natürlich sehr bald auch überzeugte Anhänger des Regimes gab; daß manche Parolen und Reformen auch Eindruck machten, und geht auch über die Resistenz anderer hinweg. Und vernachlässigt den Unterschied der Generationen. Doch geht es hier ja nur um das pauschale Bild, das sich die Westdeutschen von den Ostdeutschen machten.

Der Prozeß der Anlehnung an das Regime wird im Fall der DDR zusätzlich durch zwei Faktoren begünstigt gewesen ein. Zunächst konnte die Tatsache hilfreich sein, daß man in Deutschland herkömmlich der Obrigkeit einen gewissen Respekt zu erweisen geneigt ist. Das macht die Deutschen ja, soweit und solange das Herkommen wirkt, zu vergleichsweise gutmütigen Untertanen.

Sodann hatte die DDR-Gesellschaft durch das große Ausmaß der Abwanderungen in den Westen schon eine ganze Reihe gerade der Unruhigeren, Selbständigeren, Renitenteren eingebüßt – und was nachwuchs, unter anderm die »Arbeiter- und Bauernkinder«, deren Bildung vom Staat aufs stärkste gefördert worden war, war diesem Staat verpflichtet. Diese »Aufsteigergeneration« sollte seine Elite werden.

So ergaben sich seit den frühen sechziger Jahren gewisse Verschiebungen im Urteil, besser vielleicht in den Tendenzen, zu denen die Urteile über den eigenen Staat sich neigten. So begann sich eine gewisse Entfremdung zwischen Ost und West breitzumachen.

Durch die Mauer, die scharfe Abgrenzung gegen den Westen, später dann auch die Einführung des Zwangsumtauschs bei Besuchen verminderten sich die Kontakte zwischen Ost- und Westdeutschen. Und im Westen war man mehr und mehr mit sich selbst beschäftigt – mit all den Möglichkeiten, die sich einem zunehmend in immer weiteren Teilen der Welt erschlossen – und entwickelte einen ganz anderen Lebensstil. Ein wenig überspitzend wird man sagen können, daß man sich immer mehr als Bundesrepublikaner und Europäer (vielleicht schon Weltbürger) denn als Deutscher verstand. Mit einem gewissen Stolz begann sich das Bewußtsein zu verbreiten, in einem postnationalen Staat zu leben. Ich erinnere an das bekannte Wort von Thomas Nipperdey, wonach es in aller Welt als spezifisch deutsch gilt, wenn einer sagt, er mache sich nichts daraus, Deutscher zu sein. Es sprach nicht für die Ostdeutschen, daß sie, wie mir ein Beamter des Gesamtdeutschen Ministeriums in den achtziger Jahren sagte, viel deutscher seien als wir.

Man hat verschiedentlich bemerkt, daß die Generation derer, denen das ungeteilte Deutschland noch eine Selbstverständlichkeit war, diese Selbstverständlichkeit – oder auch nur das starke Interesse an den andern Deutschen – an die nächste Generation nicht hat weitergeben können. Das ist gewiß richtig. Trotz mancher Bemühungen im Schulunterricht, auf Klassenreisen nach Berlin zum Beispiel. Es hätte aber keineswegs so sein müssen. Wenn größere Teile der westdeutschen Gesellschaft wirklich an der Teilung gelitten hätten, wenn ihnen das Schmerzen bereitet hätte, hätten sie sich geistig dagegen aufbäumen müssen – und können: die Erinnerung an die Zusammengehörigkeit und die Kenntnis der abgetrennten Gebiete und ihrer Bewohner hegen und an die nächste Generation weitergeben. Was aber eben nicht oder jedenfalls nur in geringem Ausmaß der Fall war. So ließ die nach Westen (und Süden) gewandte westdeutsche Gesellschaft die andern Deutschen buchstäblich hinter sich.

In der DDR vollzog sich parallel zum Wandel der Einstellung zum eigenen Staat, nicht unbedingt im Zusammenhang damit, ein Wandel der Ausprägung menschlicher Eigenart. Zum einen startete die SED in immer neuen Parteitagsbeschlüssen immer neue Anstrengungen zur Erziehung sozialistischer Persönlichkeiten. Wichtiger aber war, daß die sich aufdringlich wandelnden Lebensumstände neue typische Ausrichtungen des Verhaltens nach sich zogen. Bespitzelung, ständige ideologische Beanspruchung, Bevormundung und Gängelung; Einschnürung, weitgehende Abhängigkeit (übrigens auch von Instanzen der Fürsorge) und mit der Zeit auch ständiger Mangel an Arbeitsmaterialien und Konsumgütern – das alles nötigte ja zu Anpassung, zu Reaktionsweisen, die sich allmählich zu Üblichkeiten verfestigten. Anders als etwa in Polen konnte sich in der DDR keine Zivilgesellschaft ausbilden. Vielerlei Entfaltungsmöglichkeiten wurden erstickt. Initiative auf enge Bahnen eingegrenzt. Viele Energien aus der Öffentlichkeit abgezogen und im privaten Bereich konzentriert, in den berühmten Nischen, wo man für sich zu sein meinte mit seinen Freunden, mit andern verwoben durch das System der Beziehungen (die ja im sozialistischen System das waren, was im kapitalistischen das Geld). Viel Bequemlichkeit. Man hatte ja auch viel Zeit. Langsames Lebenstempo. Sehr viel Vorsicht. Kaum Spielräume. Vorgegebene Lebensläufe. Verantwortung nur in engsten Bereichen.

Die DDR-Bürger wurden also, aufs Ganze (aufs Typische) gesehen, wirklich andere als die im Westen, die mit der Zeit ihre Demokratie zu leben begannen, eine gewisse Weltläufigkeit erwarben, sich in große Debatten verwickelten, wirtschaftlichen

Wagemut honorierten, mit einem Wort: viel freier, übrigens auch beredter wurden und eine Menge Erfolge hatten, was sich unter anderm in ihrem Wohlstand spiegelte. Indes auch in ihrer Selbstzufriedenheit (einige Spießigkeit inklusive).

Ich weiß nicht genau, wie viel es ausgemacht hat, aber die Bundesrepublik zeichnete sich mit der Zeit ja sogar dadurch vor der DDR aus, wie sie sich mit der NS-Vergangenheit auseinandersetzte – was in der DDR schon früh (auch unter Abschiebung der Schuld nach Westdeutschland) erledigt worden war. Die wichtigen Positionen wurden dort von Kommunisten eingenommen, die den von ihnen so genannten Faschismus bekämpft hatten, vielfach emigriert oder im KZ gewesen waren. Der von ihnen begründete Staat war der Definition nach antifaschistisch. Prominente Nazis oder auch Nicht-Nazis, ja Nazi-Gegner, Fabrikdirektoren nämlich, Gutsbesitzer, Rechtsanwälte waren gleich eingesperrt worden oder verbannt oder gingen in den Westen. So war der Faschismus beseitigt! Und alle andern, ob Nazi oder nicht, waren vom Verdacht frei, wenn sie nur mitarbeiteten. Außerdem war das Schlimmste, der Mord an den europäischen Juden, sehr bald kein Thema mehr. Es ist interessant, daß die erste freigewählte Volkskammer 1990 ihre Arbeit in der ersten Sitzung nach der konstituierenden mit Erklärungen zur deutschen Schuld an den Juden (und den östlichen Nachbarvölkern) begann. Sie bat unter anderm um Entschuldigung für die diskriminierende Politik der DDR gegenüber Israel.

Ich möchte mich jetzt nicht in Spekulationen darüber einlassen, wie weit die beiden deutschen Staaten auf den je anderen die unangenehmen Seiten der eigenen Art projizierten. Etwa: Im Westen sitzen die Nazis. Oder: Die im Osten sind wie die Nazis, ein totalitäres Regime.

Alles in allem genommen wurde vom Westen her die Unterschiedlichkeit der Systeme (samt zugeordneten Mentalitäten) schließlich eher stärker empfunden als die nationale Gemeinsamkeit. Willy Brandts berühmter Satz vom 10. November 1989 »Jetzt wächst zusammen, was zusammen gehört« faßte unter dem überwältigenden Eindruck der Mauer-Aufbrechung unter eine nationale Überschrift, was realiter schon eher etwas anderes war: Das Zusammenkommen der Angehörigen sehr verschiedener Systeme. Vom Osten aus (in welchem man am Abend gern virtuell, im Fernsehen, in den Westen auswanderte, wurde das indes anders gesehen; was 1989/90 vielerlei Mißverständnisse hervorrufen respektive verstärken sollte).

*

Vergewissern wir uns kurz der folgenden Geschichte: Seit Mitte der achtziger Jahre machte sich in der DDR immer mehr Kritik bemerkbar. Zuvor hatten sich schon manche Bedenken unter der Parole »Schwerter zu Pflugscharen« geäußert. Der Friedenswunsch war ja an sich legitim, die DDR kämpfte doch für den Frieden, nur eben unter anderm durch vormilitärische Erziehung. Die von der DDR unterschriebenen Beschlüsse, die die KSZE in Helsinki faßte, ließen hier und da etwas Mut aufkeimen. Immer weniger wollte man – trotz und wohl auch wegen mancher Lokkerungen – die herrschenden Zustände hinnehmen. Man – das waren jetzt vor allem die Jüngeren, die »Ausstiegsgeneration«, wie Lutz Niethammer sie genannt hat (sie folgte auf die Aufbau- und die Aufstiegsgeneration). Insgesamt war es ein eher kleiner Kreis.

Aber er machte auf sich aufmerksam. Als schließlich die ersten von der Leipziger Nikolaikirche auf die Straße gingen, fanden sie von Montag zu Montag immer mehr Zulauf; hinzu kamen mit der Zeit Nachahmer überall in der Republik. Dabei ging es zunächst keineswegs um die deutsche Einheit. Im Gegenteil! Es sollte mit vielen Mißständen aufgeräumt werden, mit all den grotesken Mängeln, mit der Bonzenherrschaft. Man wollte nicht mehr eingesperrt sein. Für die Bürgerrechtler standen Freiheit, Offenheit, Demokratie im Vordergrund. Sie wollten ernstnehmen, was die eigene Führung propagiert hatte. Sie wollten, grob gesagt, einen besseren, einen wahren Sozialismus. Wollten ihn im eigenen Staat verwirklichen. Keineswegs sollte die DDR von der mächtigen BRD vereinnahmt werden. Die riesige Kundgebung auf dem Alexanderplatz am 4. November '89 und der Appell »Für unser Land« (Ende November), den übrigens auch Egon Krenz unterzeichnete, bezeugten das klar. Nur war »das Volk« der DDR zu diesem Zeitpunkt schon anderswohin unterwegs. Mitte November wurde in Leipzig nicht mehr nur »Wir sind das Volk«, sondern auch »Wir sind ein Volk« skandiert. Oder aus der alten DDR-Hymne: »Deutschland einig Vaterland«. Nachdem einmal die Dämme gebrochen waren, überrollte »das Volk« die Bürgerrechtler. Die für Mai geplanten Wahlen mußten vorverlegt, die Wirtschafts- und Währungsunion mußte in aller Eile gezimmert werden. Und dann stand schon die Vereinigung der beiden Staaten auf der Tagesordnung, die erstaunlicherweise trotz aller Bedenken auf keine größeren Einwände seitens der alten Besatzungsmächte mehr stieß.

*

Damit wären wir beim eigentlichen Thema. Wie sollte das gehen, wie sollte es zunächst einmal eingefädelt und bewerkstelligt werden, daß aus den beiden Staaten wieder einer wurde? Wußte man überhaupt, was alles dazu nötig war?

Eines ist klar: Man durfte nicht säumen. Aus außenpolitischen Gründen ohnehin nicht. Denn man konnte nicht wissen, ob Gorbatschow, der seine Einwilligung gegeben hatte, nicht eventuell gestürzt würde.

Wenn aber der Zusammenschluß möglichst bald zu erfolgen hatte, war es auch dringend, die Bedingungen festzulegen, unter denen das geschehen sollte. Denn da gab es ja zwischen DDR und Bundesrepublik einiges auszuhandeln, bevor die DDR verschwand.

Hier nun setzten die Fragen ein. Zunächst einmal die, ob es ein Beitritt der DDR zur Bundesrepublik sein sollte, wie er, so hieß es, als Möglichkeit im Artikel 23 des Grundgesetzes vorgesehen war. Oder sollte man sich an Artikel 146 halten: »Dieses Grundgesetz verliert seine Gültigkeit an dem Tag, an dem eine neue Verfassung in Kraft tritt, die von dem deutschen Volk in freier Entscheidung beschlossen worden ist.« Nach meinem Verständnis ist in Artikel 23 eher, wie es auch hieß, an den Beitritt einzelner Länder, zum Beispiel des Saarlands, gedacht worden.

Wenn es aber, wie man dann fand, ein Beitritt sein sollte, wie sollten dessen Bedingungen festgelegt werden? In unserm Zusammenhang, der Mentalitätsgeschichte, die sich damals abspielte und bis heute ihre Auswirkungen hat, sind die Einzelheiten dessen, was damals gezimmert wurde, mit wenigen Ausnahmen, die gleich noch zu erwähnen sind, ohne Interesse.

Entscheidend ist zunächst: Die DDR war zusammengebrochen, die BRD war wohlgeordnet, proper und voll wirtschaftlicher Kraft. Die DDR war darauf angewiesen, daß die BRD ihr umfassend unter die Arme griff. Und die BRD stellte nahezu vier Fünftel der künftigen deutschen Bürgerschaft. Ein Staat hatte es mit dem andern zu tun, aber eben auch knapp 80 Prozent mit 20 Prozent der künftigen Bürgerschaft. Damit waren die Ausgangspositionen bestimmt. Da mochte die DDR noch dieses und jenes durchsetzen, unter anderm die Anerkennung der Ergebnisse ihrer Bodenreform, also der Enteignung der Großgrundbesitzer. Aber im ganzen sollte die Ordnung der BRD auf die DDR übertragen werden. Selbst wenn man es gewollt hätte, hätte man in der Eile Mängel des westdeutschen Systems, das auf diese Weise auf die DDR ausgedehnt werden sollte, kaum beheben können.

Man kann sich streiten, ob eine gesamtdeutsche Diskussion über eine neue Verfassung den Ostdeutschen damals wirklich Gelegenheit gegeben hätte, sich politisch »einzubringen«, wie das schöne, damals viel gebrauchte Wort hieß. So daß es wirklich von vornherein eine gemeinsame, aus gemeinsamen Auseinandersetzungen hervorgegangene und in gemeinsamer Abstimmung beschlossene politische Ordnung gegeben hätte. Spezifisch ostdeutsche Bedürfnisse oder Auffassungen hätten, angesichts der Mehrheitsverhältnisse, kaum Chancen gehabt, berücksichtigt zu werden. Allenfalls wenn sich Gruppen aus dem Westen mit Gruppen aus dem Osten zusammengeschlossen hätten, wäre das möglich gewesen. Aber immerhin – eine große Auseinandersetzung hätte die DDR-Bürger vielleicht stärker aktiv in das künftig gemeinsame Gemeinwesen hereingeholt. Obgleich ich das nicht für sehr wahrscheinlich halte.

Gregor Gysi hat neulich ein interessantes Bild in die Debatte gebracht. Da wollen eine reiche Tante und ihr armer Neffe zusammenziehen. Weist sie ihm in ihrem Hause eine Mansarde an, ist klar: Das gemeinsame Leben, schon der Tageslauf wird sich nach ihr richten. Anders sei es, wenn sie zusammen eine neue gemeinsame Wohnung mieten. Aber dabei ist offenbar an eine Tante gedacht, die zwar reich, aber nicht sonderlich dominant ist. Genau das aber war die Bundesrepublik: reich und dominant – und ohne viel Verständnis für die armen DDR-Bürger.

Wolfgang Schäuble hat, so Peter Bender, bei den Verhandlungen die Machtverhältnisse von vornherein klargemacht: »Liebe Leute, es handelt sich um einen Beitritt der DDR zur Bundesrepublik, nicht um die umgekehrte Veranstaltung. Wir haben ein gutes Grundgesetz, das sich bewährt hat. Wir tun alles für euch. Ihr seid herzlich willkommen. Wir wollen nicht kaltschnäuzig über eure Wünsche und Interessen hinweggehen. Aber hier findet nicht die Vereinigung zweier gleicher Staaten statt. Wir fangen nicht ganz von vorn bei gleichen Ausgangsbedingungen an.«

Es ist kein Zweifel: So war das. Und es läßt sich realistischerweise kaum vorstellen, daß es anders hätte sein können; was jedenfalls die Ausgangsbedingungen anging. Im einzelnen hätte man natürlich manches anders festlegen können. Man könnte sich zum Beispiel fragen, ob wirklich – bei den Eigentumsverhältnissen – der Grundsatz Rückgabe statt (oder vor) Entschädigung unabdingbar sein mußte. Doch muß uns das hier nicht beschäftigen.

Die DDR war die Hilfesuchende, die Besiegte. Sie war das auf irgendeine Weise ja schon immer, obwohl ihre Führer sich ironischerweise zu den »Siegern der Geschichte« erklärten. Denn die eigentlichen Verlierer des Zweiten Weltkriegs waren doch – abgesehen von den Heimatvertriebenen – die Deutschen jenseits des Eisernen Vorhangs, während die Bundesrepublik zunächst mit einem blauen Auge und dann mit zunehmend mehr Vorteilen davonkam.

Jetzt scheiterte das Ganze, das in mehr als vierzig Jahren aufgebaut worden war. Und es waren die Bürger selbst, die dem Regime den Todesstoß versetzten. Sie haben dieses Regime besiegt. Soweit das ein Vorgang innerhalb der DDR (mit einer Vorgeschichte zumal in Polen und Ungarn und mit Auswirkungen auf einige Nachbarländer, schließlich den ganzen Ostblock) war, ist das evident.

Aber kaum hatten sie diesen Sieg erfochten, sahen sie sich der Bundesrepublik gegenüber in völlig neuer Position. Als die DDR noch von Honecker regiert wurde, hat man sie (jedenfalls seit den siebziger Jahren) im Westen respektiert. Man hat sie zuletzt geradezu hofiert. Westdeutsche Ministerpräsidenten, einige jedenfalls, kannten nichts Schöneres, als sich im vermeintlichen Glanz Honeckers zu sonnen. Die DDR war eine mächtige Gegebenheit, die man vielleicht zu lockern vermochte, deren Existenz, mit der Sowjetunion im Hintergrund, aber gesichert war.

Sobald sich die DDR aber befreit hatte, war sie nur noch Konkursmasse; buchstäblich übrigens, denn sie war ja pleite. Alles war verändert. Erich Honecker, gerade noch in Bonn mit militärischen Ehren empfangen, fand sich vor dem Staatsanwalt – und im Untersuchungsgefängnis wieder. Viele, mit denen man von gleich zu gleich verhandelt hatte, waren abgesetzt, zumindest unter Verdacht geraten, jedenfalls Besiegte. Wo früher eine zum Teil gar nicht schlechte Wissenschaft betrieben worden war, sah der Präsident der Max-Planck-Gesellschaft eine Wüste. Alles, was in der DDR geleistet worden war, war anscheinend zuvor in einem Rahmen gesehen worden, der Menschen und Dinge in einem ansehnlichen Gewand erscheinen ließ. Jetzt waren sie nackt und nicht nur das: Sie erschienen in einem fahlen Licht.

Es war, wie wenn mit dem Staat DDR jeder Sinn dafür, wie es sich in ihm verhalten hatte, verlorengegangen wäre. Seine Niederlage schien alles diskreditiert zu haben. Man mußte sehr aufpassen – und nicht wenige, aber eben auch nicht viele haben das getan –, wenn man als Westdeutscher im Osten tätig war, nicht bedrohlich oder hochmütig zu sein. Gewiß, das alles gehörte zum Übergang. Aber es prägte sich ein.

Ein interessantes Beispiel bildet Christa Wolf. Einst auch im Westen hochverehrt, man hatte mit Sympathie festgestellt, daß sie eine gewisse Distanz zum Regime einnahm, schätzte sie als Autorin; jetzt, kaum ist das Regime weg, soll sie nicht mal mehr als Autorin gut sein. Was sie war, ist sie nicht mehr – ohne das Regime. Und so sollte es bald Hunderttausenden ergehen, gerade auch solchen, die sich in der DDR unter schwierigsten Umständen bewährt, andere geschützt, einigen Anstand bewahrt hatten. Plötzlich, da das Regime nicht mehr ist, ist das alles nichts mehr wert. Jetzt ist von den Konzessionen die Rede, die sie machten, nicht von den – zum Teil beachtlichen – Verdiensten, etwa gegenüber Mitmenschen, die sie sich mit List und Anstand erworben hatten. Und bald kommen die westlich dominierten Kommissionen zum Evaluieren und machen den DDR-Bürgern zum Vorwurf, woran die selbst die ganze Zeit gelitten hatten.

Denn nun ist alles anders: Jetzt sind die Westdeutschen die Sieger. Ohne eigentlich die DDR besiegt zu haben. Denn das hatten ja das Regime selbst und seine Bürger besorgt, ein Regime, zu dessen Erhaltung die Bundesrepublik ironischerweise zuletzt mit Milliardenkrediten beigetragen hatte.

Wohl konnte man sagen, die Bundesrepublik habe im Wettkampf der Systeme den Sieg davongetragen. Aber Siege im Wettbewerb begründen normalerweise keine Macht über die Besiegten, jedenfalls keine politische. Was hier jedoch geschah! So daß die Westdeutschen – alle zusammen, speziell aber viele, die jetzt in der Ex-DDR aufzuräumen (oder zum Teil höchst fragwürdige dunkle Geschäfte zu machen) begannen – die Siegerrolle spielen und oft auch auskosten konnten. Was die Deutschen dort mehr oder weniger stark zu spüren bekamen.

Aber damit nicht genug. Nachdem die DDR im Wettstreit der Systeme unterlegen war, war auch von ihren Einrichtungen alles entwertet, was zum Teil gar nicht so schlecht war, was man teilweise vielleicht sogar durchaus hätte übernehmen – oder zumindest in den östlichen Ländern hätte belassen können. Auf einmal schien alles fragwürdig. Nichts war mehr was – außer dem geerbten Vermögen, etwa an Häusern und Grundstücken, das vor allem die Leute im Westen wieder an sich nehmen konnten. Es war insoweit nicht nur eine gewalt-, sondern für viele auch eine selbstlose Revolution, die im Osten stattgefunden hatte. Letztlich blieb es dabei, daß man ironischerweise von der sozialistischen DDR nur den Rechtsabbiegerpfeil übernahm. Später kam noch das Ampelmännchen dazu – um von manchem abzusehen, worin man sich mittlerweile – und keineswegs durchweg erfreulicherweise – der DDR anzupassen beginnt. Insgesamt galt, wie es damals hieß: wie im Westen so auf Erden.

*

Was in der Folge auf die DDR-Bürger – die meisten, nämlich die, denen es nicht gleich gelang, sich ganz neue Wege zu eröffnen – zukam, war ungeheuerlich. Betriebe wurden geschlossen, Einrichtungen aufgelöst, Personal entlassen. In großem Ausmaß, aus verschiedenen Gründen.

Alles mußte neu, alles nach westdeutschen Maßstäben und Vorschriften geregelt werden. Weil die Voraussetzungen vielfach fehlten, mußte das Personal, soweit es übernommen wurde, neu geschult werden. Manch einer aus dem Westen – etwa pensionierte Beamte – nahm sich dieser Aufgabe aufopferungsvoll an. Aber es kamen eben zugleich andere, Autohändler, Versicherungsvertreter, »Berater«, die westlichen Hauseigentümer. Was immer sie anrichteten, machte in der damaligen Atmosphäre gleich die Runde.

Natürlich, vieles, was geschah, war sehr nützlich. Straßen wurden ausgebessert oder zum Teil auch gebaut, ein hochmodernes Telefonnetz eingerichtet, Dreckschleudern wie die Chemiewerke in Bitterfeld wichen den neuen ökologischen Ansprüchen, die Bausubstanz mancher alter Städte wurde in letzter Minute gerettet. Das westliche Rentensystem brachte zum Teil beachtliche Verbesserungen (freilich mußte die Zahlung der sogenannten Intelligenzrenten erst beim Bundesverfassungsgericht eingeklagt werden, nach Jahren; aber immerhin, das ging). Man konnte reisen. Die reichen Vettern und Cousinen aus dem Westen ließen sich nicht lumpen. Sie ließen sich das alles viel kosten. Es wurde reichlich investiert. Wer das Land aus DDR-Zeiten kannte, erkennt es heute kaum wieder, an sehr vielen Stellen jedenfalls.

Aber die Bilanz hat zugleich eine andere Seite. Man war im Osten gewohnt, daß Betriebe und Staat für sehr viele Bedürfnisse aufkamen. Das fiel jetzt weitgehend weg. Viel mehr wurde dem Einzelnen überlassen. Arbeitslosigkeit war unbekannt – und trat jetzt massenweise auf; beträgt noch heute das Zwei- bis Dreifache von der im Westen. Arbeitssuche war neu. Ungewißheit, was aus einem wird, ebenfalls. Im Westen ist das alles nicht fremd, aber man ist darauf lange trainiert, die im Osten waren es nicht. Und zudem: Im Westen tritt das, selbst wenn es schlimm kommt, in der Regel in kleineren Rationen auf, im Osten passierte es in größtem Stil und in kürzester Zeit und auf den verschiedensten Feldern gleichzeitig. Die Ostdeutschen konnten so leicht nicht die Elastizität aufbringen, die man braucht, um sich in solchen Verhältnissen zu bewegen. Eigeninitiative war ihnen fremd. Sie hatte verkümmern müssen. Dies und anderes gehörte gleichsam nicht zu ihrer in 40 Jahren herangewachsenen Mentalität. Auch in dieser Hinsicht waren sie bequem geworden. Ihr Wissen war nicht den Verhältnissen angemessen. Auch hatten sie falsche Vorstellungen vom Westen – aus dem Fernsehen. Daher die hohen Erwartungen, daher viele Enttäuschungen. Es ging um den Abriß einer ganzen Ordnung, die zwar wenig beliebt war, aber die Macht der Vertrautheit und des Eingestelltseins auf sie für sich hatte.

Weiß man eigentlich, was es bedeutet, mitten im Frieden den eigenen Staat zu verlieren; auch wenn das gewollt ist? Was es heißt, im eigenen Land, in dem man sich eingerichtet hat, zunächst einmal gleichsam unmündig zu werden, jedenfalls anderen, die von außen kommen, unterlegen zu sein (und oft auch noch von ihnen übers Ohr gehauen zu werden)?

Alles wird verändert, außer der Uhrzeit, hat damals jemand festgestellt. So mußte das erscheinen. Denn menschliche Wahrnehmung pflegt Gravitationen zu unterliegen, die damals in der

Ex-DDR in der Tat auf Totalveränderung zielten, während im Westen alles gleich blieb.

Es war wie das Aufspringen auf den fahrenden Zug. Einzelnen gelang das ohne weiteres. Eine Gesellschaft im ganzen kann das aber nicht. Da verschränkt sich zuviel in gegenseitigen Erwartungen. Zumindest muß sie viele vergebliche Anläufe nehmen, bevor ihr das gelingt.

Man muß diese Aufzählung nicht weiter fortsetzen: Die Kumulation all dieser Tatbestände stellte jedenfalls eine große Anforderung dar, viele waren überbeansprucht. Der langjährige, aufs beste orientierte Korrespondent der Neuen Zürcher Zeitung hat am 9. November 2009 dazu geschrieben: »Für viele, die das Leben in der fürsorglichen Zwangsjacke des SED-Staates gewohnt waren und darin auch eine gewisse Wärme empfanden, kam die Realität der Freiheit wie ein eisiger Windstoß. Ohnmacht und Überforderung überlagerten immer mehr die Euphorie, die in den dunklen Novembertagen geherrscht hatte.«

Mit der Übertragung der westlichen Ordnung auf den Osten verband sich die Übernahme sehr vieler, vor allem führender Positionen, nicht nur in Rundfunk, Fernsehen und Presse, durch westliche Kräfte. Westliche Kommissionen, die das östliche Personal überprüften, pflegten relativ strenge Maßstäbe anzulegen, denen auch im Westen mancher nicht genügt hätte. Aber im Westen wurde keiner, im Osten wurden sehr viele vor die Tür gesetzt. Und auf die freiwerdenden Stellen kamen zumeist Männer und Frauen aus dem Westen, darunter viele, die – mit gutem Grund – gar nicht mehr zu hoffen gewagt hatten, noch einmal befördert zu werden. Wie es einem auf der andern Seite ergehen konnte, illustriert eine skurrile Geschichte: Ein entlassener General der NVA fragt beim Verteidigungsministerium, ob er das Recht habe, sich General a.D. zu nennen. Hatte er nicht. Er fragt, ob er dann – als ehemaliger Leutnant der Wehrmacht – sich

Leutnant a.D. nennen könnte. Durfte er. Bis in solche Kleinigkeiten war alles geregelt.

Vom Westen her brachte man die Erwartung mit, daß im Osten bereitwillig und rasch die neue – doch eigentlich erwünschte – Ordnung übernommen wurde. Im Osten betrachtete man vieles davon als fremd, als unnötig, als Zumutung. Und bockte. Und setzte sich gegen die neuen Herren unter Umständen so zur Wehr, wie man es gegen die alten getan hatte. Schummelte also, gelegentlich log und betrog man auch – und bestätigte das aufkeimende Mißtrauen. Zu allem Überfluß waren dann auch noch Stasi-»Seilschaften« am Werk.

Die Westdeutschen konnten sich gar nicht vorstellen, daß ein Deutscher freiwillig anders sein wollte als ein Westdeutscher – und entsprechend funktionieren. Die Ostdeutschen *waren* aber anders, sie hatten eine andere Sozialisation, hatten ihre Biographien, wie sie gern sagten – und wollten das, was sie geworden waren, nicht einfach verleugnen. Was ja eigentlich auch ihr gutes Recht war. Zumal sie damit überlebt und sich zumeist irgendwie auch bewährt hatten. Aber das interessierte keinen im Westen. Spuren sollten sie. Und zwar schnell, denn es eilte ja. Man nahm sie wie tabulae rasae, die neu zu programmieren waren. Wogegen sich vieles in ihnen sperrte.

Damals wurde im Osten ein Witz erzählt: Ein Ossi berichtet, ein Wessi habe ihm 10 000 DM für seinen alten Trabi geboten. Worauf der Freund: Würd' ich sofort machen. Ja, aber er will ihn einstampfen lassen. Macht doch nichts, wenn er ihn gekauft hat, kann er damit doch machen, was er will. Aber er will, daß ich drin sitzen bleibe.

In einem meiner Aufsätze (FAZ 30. August 1990) fand ich jetzt die Bemerkung: »Sie sind nicht auszutauschen. Wir müssen sie nehmen, wie sie sind.« Vielleicht darf ich noch ein zweites Zitat, aus einem Artikel in der Frankfurter Rundschau vom

17. Juni 1991 anfügen. Nachdem davon die Rede war, »daß die Westdeutschen es versäumt haben, die aus der DDR hervorgegangene Gesellschaft als solche ernstzunehmen«, geht es weiter: »Stattdessen krempeln wir 16 Millionen Menschen ohne viel Bedenken völlig um – und halten das für einen technischen Vorgang. Wie wenn sie nur etwas lernen, nur etwas umgeschult werden müßten (oder freundlicher Ermahnungen bedürftig wären, wie sie etwa der Bayerische Ministerpräsident von Zeit zu Zeit zum besten gibt). Daß sie zugleich einen Stolz, den Wunsch, das Recht haben, wenn auch unter Veränderungen sie selbst zu sein und uns von gleich zu gleich zu begegnen – kommt uns so leicht nicht in den Sinn, so daß wir sie oft – meist ohne es zu wollen oder es zu wissen – zusätzlich tief und nachhaltig verletzen.«

Doch wer wollte das schon sehen? Die Westdeutschen verzweifelten eher: Sie verstanden ja, daß die Ostdeutschen – früher – nicht viel Arbeitseifer aufgebracht hatten. Aber jetzt lohnte sich die Arbeit doch; warum stellten sie sich nicht – von heut' auf morgen – darauf ein? Gewiß, im Osten hatte man sich vor Verantwortung gedrückt. Aber warum auch jetzt noch?

So entwickelten sich vielerlei gruppendynamische Prozesse. Besonders gut greifbar sind sie an den vielen gegenseitigen Etikettierungen. Klagte der Ostdeutsche etwa, so zeigte er die »typische Larmoyanz«. Spurte er nicht, hieß es, er wolle alles geschenkt bekommen. Begriff er nicht gleich, meinte man, er stelle sich an. Umgekehrt zeigten die Westdeutschen »typische Kolonialherrenallüren«. Und man belauschte sich gegenseitig. Gab der Ostdeutsche irgend etwas zu, was zum Nachteil der DDR gereichte oder auch was er falsch gemacht hatte, hieß es: Aha, also doch! Woraus der Ostdeutsche die Konsequenz zog: »Ab jetzt wird nichts mehr zugegeben.«

Diese Prozesse sind nicht einfach nachzuzeichnen. Aber wo

sie sich voll auswirkten, in großen Teilen der DDR-Bevölkerung, wo sie ja übrigens bis heute nachwirken, baute sich eine gewisse Resistenz auf. Gegen das Umlernen. Gegen die Bevormundung. Gegen die »Besserwessis«. Gegen die Kälte, die Ellbogengesellschaft. Und nicht zum wenigsten verletzte es das Selbstbewußtsein, daß man einfach auf die Schulbank zurückmußte – und daß man nicht einsah, daß im Westen alles gut, im Osten alles schlecht sein sollte; was ja so evident oft auch gar nicht war. Sehr viele fühlten sich als Bürger zweiter Klasse. Daß bei den Bürgerrechtlern hinzukam, daß sie sich um die Früchte ihres Siegs geprellt sahen – den besseren Sozialismus –, steht auf einem anderen Blatt. Aber man sollte es hier vielleicht mit erwähnen.

All dies wäre vielleicht in großer Breite zu überwinden gewesen, wenn damals im Osten eine Aufbruchsstimmung geherrscht hätte. Wenn irgendeine Kraft aus der ostdeutschen Gesellschaft den Aufbruch zu neuen Ufern auf ihre Fahnen hätte schreiben können.

Helmut Kohl sprach vom Ärmelaufkrempeln. Und es spukte in den Köpfen der Älteren die Erinnerung an die Zeit nach 1945, als man in Westdeutschland (und natürlich auch in der Sowjetzone) neu anfing. Aber die Parallele stimmte nicht. Wozu hätte man – etwa in der Bauwirtschaft – die Ärmel aufkrempeln können, wenn die großen Firmen mit ihren tollen Maschinen und den billigen spanischen und portugiesischen Gastarbeitern aus dem Westen anrückten (und die Gewinne einstrichen)? Wo der Aufbau im zerstörten Deutschland nach 1945 überall aus vielen kleinen Zellen, Werkstätten, Läden, Theatern etwa, angetrieben wurde, standen 1990 die großen westdeutschen Unternehmen bereit und brachten, was notwendig war, mit. Und anderes konnte so leicht nicht hochkommen. Läden, Buchhandlungen, die die Besitzer 30 Jahre lang vor der Sozialisierung bewahrt hatten, erlagen jetzt den großen Ketten. Was natürlich auch im Westen ständig passiert, aber es ist etwas anderes, wenn ein Neubeginn erfolgen soll, nach der DDR-Vorgeschichte.

Wo alle 1945 an das eigene Land gebunden waren und hier sehen mußten, wie sie vorankamen, bot sich 1990 den mobilen, tüchtigen, initiativreichen Ostdeutschen die Beschäftigung im Westen oder im Ausland.

Auch größere Firmen im Osten hatten ständig die westdeutsche Konkurrenz auf dem Hals, mit der sie nicht mitkamen. Wurden sie privatisiert, bekamen die neuen Eigentümer es zu spüren. Die Arbeitsproduktivität war zu gering, die Löhne zu hoch. Alte, angesehene ostdeutsche Firmen wie Zeiß in Jena waren im Westen viel stärker neu aufgebaut worden. Der in den Westen geflohene, dort inzwischen etablierte Produzent der Altenburger Spielkarten ließ den Altenburgern durch ein Gericht verbieten, die in Altenburg produzierten Spielkarten als Altenburger zu bezeichnen.

Zudem konnte die Versorgung Ostdeutschlands mit den nötigen Konsumgütern glatt vom Westen übernommen werden (wo man ohnehin gerade an zurückgehenden Absätzen litt). Vieles von dem Geld, das in den Osten gepumpt wurde, kam also bald nach Westdeutschland zurück. Zudem brachen die Ostmärkte weg, da die Produkte der Ex-DDR wegen der Währungsunion zu teuer waren. Und – während viele Tüchtige in den Westen abwanderten, hielt sich die Zuwanderung in den Osten in Grenzen. Wer dort arbeitete, zog selten mit seiner Familie um, nicht nur, weil an den Schulen die alte DDR noch ziemlich präsent war (und ist). Kam ein westdeutscher Lehrer dazu, hatte er es alles andere als leicht. Laut einer Statistik, die die Frankfurter Rundschau jetzt veröffentlicht hat, heiraten 1,5 Prozent der Deutschen Partner aus dem andern Teil des Landes. (Es ist nicht einfach zu vergleichen, aber trotzdem interessant, daß um 1920 in Preußen ungefähr 20 Prozent der Ehen von Juden und Jüdinnen mit Nichtjuden geschlossen wurden.)

Ironischerweise wurde es einer – freilich sehr kleinen – Gruppe von Menschen, die sehr gern zurückgegangen wären, sehr schwer gemacht: nicht wenigen Nachkommen von Großgrundbesitzern, die sich dem Erbe verpflichtet sahen, aber ihre Güter allenfalls zurückkaufen konnten. Während die sehr viel größere Zahl etwa der Erben von Hausbesitz zwar den völlig unverhofften Gewinn gerne einstrich, teilweise auch modernisierte, aber fernblieb. Sofern Pioniergeist entfaltet wurde, und das war ja wahrhaft der Fall, steckte er kaum an.

*

So wuchs die sogenannte Mauer in den Köpfen zwischen West und Ost in die Höhe. Die Unterschiede schienen sich teilweise eher zu vertiefen. »Wir sind ein Volk«, sagte der Ossi zum Wessi. »Wir auch«, bekam er zur Antwort. Klar, die Ostdeutschen waren nur noch Deutsche, während die Westdeutschen zumindest anfangs noch die Bundesrepublik sein konnten.

Rolf Schneider berichtet von einer Szene, die sich in einer Schlange vor einem Stand in Westberlin abspielte. Zwei Ossis mokieren sich, das seien ja ebensolche Schlangen, wie sie sie im Osten gehabt hätten. Worauf sich der vor ihnen stehende Türke umdreht und sagt: »Wir euch nix gerufen.« Da sprach die postnationale westdeutsche Gesellschaft.

Überhaupt darf in diesem Zusammenhang nicht übersehen werden, daß man in Westdeutschland über die neuen Mitbürger keineswegs allemal glücklich war. Die dramatischen Vorgänge im Herbst '89 waren natürlich Reality-TV allererster Klasse. Und es gab ja wahrhaft rührende Szenen. Aber dann kam Weihnachten, kamen die Kataloge der Reiseunternehmen, und man plante den Urlaub, hatte anderes im Kopf – fühlte sich auch durch die steigenden Zinsen belästigt; an sich sollte das Ganze – so der Bundeskanzler – doch nichts kosten.

Berühmt ist das Habermas-Zitat (Die Zeit 10.5.91): »Die Entwertung unserer besten und schwächsten intellektuellen Traditionen ist für mich einer der bösesten Aspekte an dem Erbe, das die DDR in die erweiterte Bundesrepublik einbringt. Das ist eine Zerstörung der Vernunft, an die Lukácz nicht gedacht hat.« Richard Schröder hat darauf geantwortet: »Ich lese das und staune. Wir sind also mit unsern lehmverschmierten Schuhen in euren Salon gelatscht, und nun sagt ihr uns, daß wir den Teppichboden, den ach so empfindlichen, versaut haben.«

*

So begannen sich nicht wenige in Ost und West nach dem Alten zurückzusehnen. Nostalgie breitete sich aus. Beiderseits war das Alte von einer Gloriole umgeben. Manch einer, für den die Bundesrepublik ein faschistischer – oder doch faschistoider – Staat gewesen war, lobte sie von heut' auf morgen in den höchsten Tönen. Im Osten kristallisierte sich das höchst eigenartige Phänomen einer Identität *post festum*, so Richard Schröder, wahrscheinlich sagt man besser: einer nachgeholten Identität heraus. Man wurde sich in der Abwehr von Zumutungen und Vorwürfen einer Gemeinsamkeit bewußt. Allzu gern wurden ja auch die Ostdeutschen von außen mit der DDR identifiziert, die sie sich gerade vom Hals geschaffen hatten. Jetzt drehten sie den Spieß um. Und ironischerweise bezog sich das neue, aus der selbsterkämpften Freiheit erwachsende Selbstbewußtsein – in Absetzung von den Westdeutschen – zunehmend auf das Leben im gerade überwundenen System der Unterdrückung.

Die von den Kommunisten gepriesene Identität des antifaschistischen Deutschlands oder des ersten Arbeiter- und Bauernstaats auf deutschem Boden hatte nicht weit ausgestrahlt. Was sich in den sechziger Jahren an Identifizierung mit der DDR angebahnt hatte, war in den Achtzigern weitgehend verbraucht worden.

Jetzt aber keimte 1989 ein neues Bewußtsein stolzer Zugehörigkeit. Ein DDR-Bürger ertappte sich dabei, daß er auf die Frage, wo er herkomme, nicht, wie üblich, DDR, sondern Deutsche Demokratische Republik antwortete. Viele führende DDR-Bürger aus allen Lagern unterschrieben Ende November die Erklärung für unser Land. Ich habe in der FAZ vom 23. November '89 die Vermutung geäußert, die DDR werde – entsprechend unserm Verfassungspatriotismus – eine sozialistische Identität ausbilden. Fünf Tage später legte Kohl seinen 10-Punkte-Plan vor. Im Juni 1990 habe ich die Prognose zurückgezogen; der Sozialismus hatte ausgespielt. Aber *mutatis mutandis*, eben im Hinblick auf die nachgeholte DDR-Identität scheint sie mir jetzt doch nicht schlecht gewesen zu sein.

Diese Identität nährt sich zum einen aus der Erinnerung an bis zu 40 Jahre DDR, persönlicher Erinnerung an eine bestandene Zeit, eine Zeit, in der man jünger war, die man mit vielen teilte, mit denen man sich jetzt darauf verständigen kann. Sie lebt aus dem Trotz, der es nicht wahrhaben will, daß man lange Jahre für etwas gearbeitet habe, was am Ende nichts war. Sie saugt aber Nahrung auch daraus, daß die Ostdeutschen sich immer wieder und allzu sehr mit der DDR identifiziert sehen.

Es ist sicher nicht falsch, wenn laut Umfragen 78 Prozent der ehemaligen DDR-Bürger meinen, man habe damals besser zusammengehalten, der Umgang sei menschlicher gewesen (obzwar doch wohl abzüglich dessen, was man inzwischen von der Stasi weiß). Daß 54 Prozent der Jüngeren (unter Dreißig) dieser Meinung sind, zeigt, wie die Erinnerung lebhaft weitergegeben wird. Und Erinnerung kann Vergangenheit ja vergolden (und neu sortieren). Hervorgerufen, herausgefordert aber sah sich diese Identität durch die Zumutungen, die Bevormundungen, die

Ungleichheit mit dem Westen; den Wunsch, etwas dagegen aufzubauen, zumindest im Geistigen.

Alte, mehr oder auch weniger geteilte Vermutungen konnten das abstützen: Die haben das Geld, wir die Moral; so konnte man es ja auch in der Kirche hören. Oder auch: Für die muß sich alles rechnen, uns dagegen liegt die Kultur am Herzen. Einwände gegen den Kapitalismus kamen hinzu. Noch heute finden 64 Prozent im Osten, die Gesellschaft sei durch die Einheit ungerechter geworden (43 Prozent im Westen).

Es ist zu fragen, wie weit diese Identität trägt. Auch wieweit sie verbreitet ist. Natürlich hat sie ihre Basis vor allem bei den Verlierern. Den Anhängern des alten Regimes wie denen, die mit dem neuen und im neuen nicht richtig zurechtkommen. Dauerarbeitslosen und Aussichtslosen. Aber auch denen, die in den notleidenden Gegenden, die sich langsam leeren, zu leben haben. 2,5 Millionen haben das Land zwischen 1991 und 2007 verlassen. Der Anteil der unter Fünfundzwanzigjährigen und der Frauen daran ist überdurchschnittlich hoch. Unter den Verlierern grassieren die gerade auch in jüngerer Zeit vermeldeten Meinungen, wonach zum Beispiel die DDR ein Rechtsstaat war. Nach Umfragen: 13 Prozent halten das für richtig, 50 Prozent wissen es nicht genau, bei den unter Dreißigjährigen sind es 66 Prozent. Hier wehrt man sich gegen alles, was die DDR schlecht macht. Man will von der Stasi nichts mehr hören. Man will die Dopinggeschichten des DDR-Sports nicht wahrhaben, stellen sie doch wiederum ein Argument für Westdeutsche gegen die Ostdeutschen dar. Und manches ist auch einfach falsch, wie etwa die Meldung von den vielen politisch motivierten Zwangsadoptionen; sieben Fälle hat man bei genauerer Untersuchung gefunden. Von Aufarbeitung der Vergangenheit ist ohnehin keine Rede. Laut Umfragen sind 50 Prozent für einen Schlußstrich (wie es übrigens die Westdeutschen 20 Jahre nach 1945 in noch höherem Maße waren).

Bemerkenswert ist aber, daß die Mehrheit sich die DDR selbst nicht zurückwünscht. Jüngste Umfragen besagen auch jetzt, daß 71 Prozent die Einheit mit Freuden betrachten (61 Prozent im Westen). Andere Zahlen schwanken in interessanter Weise: Auf die Frage, ob man sich in der DDR unfrei und gefangen gefühlt habe, antworteten 54 Prozent 1992 mit ja, im Juni 2009 nur noch 37. Nach der intensiven Erinnerung anläßlich des 20. Jahrestags des 9. Novembers wurden es 57 Prozent. Entsprechende Zahlen für die Bespitzelung: 1992: 43 Prozent – Juni 2009: 30 Prozent – November 2009: 39 Prozent. Daß man viel Unrecht habe mit ansehen müssen, meinten zunächst 34, dann 23, schließlich 32 Prozent. Besonders erfreulich ist, daß die Zahl derer, die sich als Bürger zweiter Klasse fühlen, von 75 (1995) über 57 (2001) auf 35 Prozent gesunken ist. Aber ein Drittel ist es eben immer noch.

*

Es hat 1989/90 vielerlei Schätzungen gegeben, wie lange es dauern werde, bis die Unterschiede zwischen West- und Ostdeutschen eingeebnet seien. Mit ein bis zwei Generationen ist gerechnet worden. Inzwischen scheint sich zu ergeben, daß die Frage differenzierter zu stellen ist. Denn es sind nur Teile, vielleicht wirklich nur ein gutes Drittel der ehemaligen DDR-Bürgerschaft, die sich schwer tun mit der mentalen Eingliederung. Sie tun es, bei aller Nostalgie, weniger aufgrund der Vergangenheit als aufgrund von Gegenwart und Zukunft. Denn es sind die Aussichten, über die eine Integration am besten läuft.

Gewiß, die Arbeit an der DDR-Vergangenheit ist in vielen Hinsichten unglücklich verlaufen. Der erste Impuls, der von den Bürgerrechtlern ausging, verpuffte, weil das Unrecht, dessentwegen sie abrechnen wollten, strafrechtlich kaum zu fassen war. Der andere Teil jener Arbeit, die Aufklärung über dieses Unrecht, ließ sich zwar rasch vorantreiben, und viele hofften, es damit diesmal besser, das hieß zunächst einmal schneller besorgen zu können als es in der alten Bundesrepublik nach 1945 geschehen war. Die Archive waren zugänglich, an aussagewilligen Zeitzeugen fehlte es nicht. 18 Bände umfassen die Erkenntnisse der vom Bundestag eingesetzten Enquetekommission.

Allein, »Aufarbeitung« schlimmer Vergangenheit ist nicht nur ein rechtliches oder intellektuelles Problem. Wenn sie eine ganze Gesellschaft erreichen, von ihr wirklich rezipiert werden, wenn sie sie verändern soll, muß ihr dort manches entgegenkommen. Denn da bäumen sich zunächst einmal Widerstände verschiedener Art auf, Befangenheit in jener Vergangenheit, schlechtes Gewissen, Solidarität, vielleicht gar ein gewisser »Besiegtenstolz« – Dinge, die letzten Endes Zeit brauchen, um abgebaut zu werden. Wahrscheinlich viel mehr Zeit, als Ungeduldige vielleicht aufzubringen vermögen. Im Falle der DDR kam der große Nachteil dazu, daß sich die Arbeit an ihrer Vergangenheit unter den Augen der Westdeutschen vollziehen mußte. Wenn auf weite Strecken des Vereinigungsprozesses Grillparzers Worte »wir lähmen sie und grollen, wenn sie hinken« galten, so war das in diesem Punkt besonders der Fall.

Doch was immer sich an Schwierigkeiten von der DDR-Vergangenheit her aufbauen mochte, es hätte letztlich wohl wenig ausgemacht, wenn der Einigungsprozeß in der jeweiligen Gegenwart besser hätte verlaufen können – und das heißt nicht zuletzt, wenn jener Kredit vorhanden gewesen wäre, den gute Zukunftsaussichten einer Gegenwart zur Verfügung stellen können.

1990 hat Richard von Weizsäcker die Sorge geäußert, die Ex-DDR könne zu einem deutschen Mezzogiorno werden. Nimmt man es *mutatis mutandis*, rechnet man heraus, was man heute etwa in Dresden, Leipzig, Rostock, Jena und im Speckgürtel um Berlin ohnehin sowie in manchen Ostseebädern findet, so könnte etwas daran sein. Manche Städte, Quedlinburg, wohl auch Stralsund, sind fast ausschließlich von touristischem Interesse. Spöttisch hat man früher die DDR, weil vieles noch so altmodisch war, ein Freilichtmuseum genannt. Jetzt ist es die – zumeist – wiederhergestellte Schönheit alter Städte, Baudenkmäler und Landschaften, die sehenswert ist. Ganze Gegenden sind aber auch ziemlich leer und leeren sich weiter. Da bleibt die DDR vermutlich noch lange in vergoldeter Erinnerung. Und die, die sich aus der DDR-Mentalität herausarbeiten, findet man eher anderswo. Aber, wie man sieht, die Gefühle der Ungleichheit sind rückläufig. Manches könnte sich abschleifen, eine ganze Spur jedoch wird die DDR im vereinten Deutschland noch auf längere Sicht hinterlassen. Über kurz oder lang werden die der DDR-Identität noch anhängenden ehemaligen DDR-Bürger nurmehr eine unter mehreren Gruppen darstellen, die sich innerhalb der zunehmend sich desintegrierenden Gesellschaft nicht recht aufgehoben fühlen.

*

Hätte es anders laufen können? Wenn man etwa die ganzen mentalen Probleme des Einigungsprozesses besser gekannt, besser berücksichtigt hätte? Versucht hätte, auf die neuen Mitbürger zu hören? Kontakte gesucht hätte, hingefahren wäre im großen Stile, nicht zurückscheuend vor den anfangs zum Teil horriblen DDR-Hotels? Ich fürchte nein. Die Eile war zu groß, die Überlegenheit Westdeutschlands war es, und die wirtschaftlichen Gegebenheiten waren es auch. Manchmal bestimmt das Sein eben doch das Bewußtsein. Vielleicht war auch – zumal in der Eile – die DDR-Mentalität zu sperrig, was Gegnerschaft gegen das Regime nicht ausschloß, aber Gegnerschaft gegen sich selbst. Was immer Politiker vermögen – Mentalitäten wandeln können sie nicht, sondern allenfalls Zustände schaffen helfen, in denen sich Mentalitäten mit der Zeit wandeln. Und auch diese Fähigkeit hängt sehr von den Gegebenheiten ab.

Nachwort

»Erinnern – Verdrängen – Vergessen« war eine Akademievorlesung, die ich am 25. Januar 1996 in der Berlin-Brandenburgischen Akademie der Wissenschaften gehalten habe. Sie knüpfte einerseits an die Debatten an, die sich im Vorjahr anläßlich des 50. Jahrestags der Befreiung von Auschwitz sowie des Kriegsendes abgespielt hatten. Andererseits hatte sie aber auch die damals noch immer lebhafte Debatte um die DDR-Vergangenheit im Auge.

Ihre Absicht war, die beiden (unter sich natürlich grundverschiedenen, aber doch immer wieder auch sich überschneidenden) deutschen Probleme und Weisen des öffentlichen Umgangs mit schlimmer Vergangenheit einmal in einen weiteren historischen Zusammenhang zu stellen. Neben der Unabweisbarkeit der Erinnerung, von der mit guten, für die DDR-Vergangenheit aber auch weniger guten Gründen so viel die Rede war, sollte auch das Gebot des Vergessens gebührende Beachtung finden, das in der Weltgeschichte so lange vorgeherrscht hatte und inzwischen noch keineswegs verabschiedet worden ist. Es sollte die Aufmerksamkeit auf die allgemeine Problematik des schwierigen Ausgleichs zwischen der Forderung nach Erinnerung, das heißt zugleich nach Gerechtigkeit (oder Rache), und dem Bedürfnis nach äußerem wie innerem Frieden (und Integration), auch nach Versöhnung gelenkt werden. Und es sollte die Frage gestellt werden, ob der Umgang mit der deutschen NS-Vergangenheit nach knapp zweieinhalb Jahrtausenden, in denen das Vergessen gesucht wurde, eine neue Regel begründet. Gerade angesichts der

Einzigartigkeit der deutschen Vergangenheit von 1933 bis 1945, vornehmlich des Mordes an den europäischen Juden, könnte es doch sein, daß das besondere Gedenken, das Auschwitz unabweisbar macht, eine Ausnahme ist (und bleibt).

Der der Vorlesung zugrunde liegende Text wurde für den Druck in den Berichten und Abhandlungen der Akademie ausgearbeitet und ergänzt (Band 3. Berlin 1997. 59–99). Gekürzt ist er im September 1996 im Merkur erschienen (Band 50. 937–952).

Er hat, gleich nachdem er gehalten worden war, in Ostberlin eine gewisse Resonanz gefunden, so daß ich die Sache dort in anderm Zusammenhang nochmal vorgetragen habe. Sonst ist mir bis auf die gelegentliche Äußerung eines Bundestagsabgeordneten sowie die aus Polen geäußerte Bitte um die Übersetzungsrechte keinerlei Reaktion bekannt geworden.

2008 aber, kurz vor seinem Tod, hat Peter Bender gefunden, daß die Sache doch – speziell im Hinblick auf die DDR-Problematik – größerer Beachtung wert sei (Erinnern und Vergessen. Deutsche Geschichte 1945 und 1989. In: Sinn und Form 60, 2008,581–592. Wieder abgedruckt in: P. B., Zweimal Deutschland. Eine ungeteilte Nachkriegsgeschichte 1945–1990. München 2009. 285ff.).

Daraus resultierte der Wunsch des Verlags, die Vorlesung noch einmal selbständig herauszubringen. Den Text habe ich auf längere Strecken stark überarbeitet oder neu geschrieben.

Ich bitte um Verständnis dafür, daß ich es nicht lassen konnte, den Teil der Problematik, der in mein eigenes Fachgebiet, die Griechische Geschichte, fällt – es handelt sich um die erste große Amnestie der Weltgeschichte – ausführlich und mit den nötigen Belegen zu behandeln. An sich ist hier das Genus des Essays, das im übrigen eingehalten wird, das angemessene.

Beigefügt ist der Text eines im Dezember 2009 in der Münchner Volkshochschule gehaltenen Vortrags, der die Problematik des Umgangs mit der DDR-Vergangenheit in einem andern Kontext, in dem nämlich der Mentalitätsprobleme deutscher Vereinigung behandelt. Die Bitte der Veranstalter zielte darauf, daß ich im Rahmen einer Vortragsreihe anläßlich der 20. Wiederkehr des 9. November 1989, ausgehend von meinen eigenen Äußerungen zur Sache seit dem 23. November 1989, einen Rückblick nach 20 Jahren geben sollte. Daher die gelegentlichen Hinweise auf eigene Aufsätze. Die frühesten Arbeiten sind gesammelt im Hanser Verlag erschienen unter dem Titel: Deutsche Einheit als Herausforderung. München 1990.

Heidrun Thiel bin ich für viele Hilfe herzlich dankbar.

München, im April 2010